Was aber kann Anlass sein, eine Kurzgeschichte zu schreiben?

Unter Kai Lorenz sind der Roman *Die Versuchungen des Samuel Block* und die Krimis *Caesar-Park* und *Maledictum* erschienen, außerdem die historische Erzählung *Die abenteuerliche Reise der Märtyrer Marcellinus und Petrus zur Stadt der Seligen.* Die Sammlung von Kurzgeschichten *Als der Krieg zu Ende ging...* (als E-Book bei Amazon) liegt jetzt auch in erweiterter Buchfassung unter dem Titel *Von Krieg und Kurzgeschichten* haben in der neueren Literaturgeschichte eine lange Tradition. Sie sollen – kurz gesagt – ohne Umschweife erzählt sein und einen prägnanten Schluss besitzen.

AF188500

Kai Lorenz ist der Schriftstellername von Eduard Hauptlorenz, der als Autor regionalgeschichtlicher Themen (*Der Raum Kaiserslautern im Luftkrieg 1939 bis 1945; Die Kämpfe bei Kaiserslautern und Morlautern 1793* u.a.) hervorgetreten ist. Hierfür drei Beispiele: „Als der Krieg zu Ende ging..."entstand beim Lesen eines Kriegsberichts von der Einnahme einer Kleinstadt im 2. Weltkrieg. „Onkel Wanja" wurde durch das Betrachten eines Fotos angeregt, das drei russische Mädchen in heimischer Tracht zeigt, die bei einem Empfang die traditionellen Gaben Brot, Salz und Blaubeeren anbieten. Mit Hilfe eines Kugelschreibers wurde an einer Säule des Dogenpalastes in Venedig die Inschrift „Billie&Cloe was here" angebracht. Sie inspirierte zu der gleichnamigen Erzählung. Nur „Zuckerlili" weist deutlich autobiographische Züge auf.

Bibliografische Information der Deutschen Nationalbibliothek.
Die Deutsche Nationalbibliothek verzeichnet diese Publikation
in der Deutschen Nationalbibliografie; detaillierte biografische
Daten sind im Internet über nhttp//dnb.dnb.de abrufbar.

Herstellung und Verlag: BoD - Books on Demand, Norderstedt

ISBN 9783751919654

KAI LORENZ

VON KRIEG

UND FRIEDEN

Kurzgeschichten

Für Christa und Emile

INHALT:

ALS DER KRIEG ZU ENDE GING …

„Schwester, Schwester, schnell! Ich glaube, der Junge stirbt!"

Vom Ende des Stollens war ein Wimmern in hohen Tönen zu hören. Es klang, als wäre ein Lebewesen in höchster Not. Es hätte ein Tier sein können, aber auch ein Mensch.

Die beiden Nonnen, eine ältere, gefolgt von einer jungen Ziehschwester, bahnten sich im Zick-Zack-Kurs einen Weg nach hinten durch all die Feldbetten und Stühle und Matratzen, die in aller Eile einfach auf den Boden gelegt worden waren, um Verwundete aufnehmen zu können.

Als die ältere Schwester bei dem Jungen angelangt war, wurde das Wimmern etwas leiser. Sie legte ihre gespreizte, offene Hand an den Hals des Jammernden und stellte fest, dass da noch Leben pulsierte, das Herz noch arbeitete. Da ist noch Hoffnung, dachte sie.

„Na, was ist denn Jungelchen, was hast du denn? Willst du etwas?"

Der Junge redete wirr:

„Die Wellen… Die Wellen… Wellen… fressen…ganz jung…"

Die Nonne gab ihm etwas Wasser aus einer Feldflasche zu trinken, aber nur ganz wenig. Der Junge stak in einer feldgrauen Uniform, die viel zu groß für ihn war. Er war mit einer Wunde im rechten Schulterbereich eingeliefert worden, die der Stationsarzt nur notdürftig verbunden hatte. Die Schwester musste ihm gewaltsam die Feldflasche wieder vom Mund reißen, so sehr hing er an dem Wasser. Sie sagte zu der zierlichen Nonne, die ihr gefolgt war:

„Schau mal, was der da murmelt, ich kann ihn nicht verstehen."

Während sich die ganz in Weiß gekleidete Nonne mit ihrem kleinen Häubchen über den Jungen beugte, schlug die ältere wieder den Zick-Zack-Kurs retour ein, denn wieder hatte ein Verwundeter „Schwester, Schwester!" gerufen.

Das ging so in einem fort, seit heute früh, seit es zu dämmern begonnen hatte.

Das Waisenhaus war vollgepfropft mit Kindern, welche die Kriegsereignisse wie Treibholz in einem Fluss hierher gespült hatte, und war als Verwundetenstation überhaupt nicht eingerichtet. Es besaß nur eine kleine Krankenstation für die Kinder, betreut von einem schon älteren Stationsarzt und der ausgebildeten Krankenschwester Agnes. Einige

Stollengänge, die in früheren Zeiten als Brauereikeller benutzt wurden und die neben dem Untergeschoss des Hauses lagen, waren in den Kriegsjahren als provisorische Luftschutzräume eingerichtet worden. Einen dieser Stollen hatte man notdürftig so ausgestattet, dass er auch Verwundete aufnehmen konnte.

Als die Front näher rückte, kamen unruhige Tage über das Städtchen. Gemäß "Führerbefehl" sollte jeder Quadratmeter Boden bis zur letzten Patrone verteidigt werden. Aber als sich die Parteibonzen mit vollgeladenen Pkws fluchtartig davongemacht hatten, wusste man, dass der Gegner schon vor der Tür stand.

Die anrückenden Truppen hatten gegen Abend die Stadtgrenze erreicht und für die hereinbrechende Nacht eine Ruhestellung bezogen. Mit dem ersten Tageslicht waren sie nun dabei, zur Stadtmitte vorzudringen. Die Angreifer schossen dabei auf alles, was ihnen verdächtig erschien und sich bewegte. Schon nach den ersten Kampfhandlungen hatte man in den Stollenbunker des Waisenhauses verwundete Soldaten und Zivilisten gebracht. Seitdem hasteten die beiden Schwestern gemeinsam mit dem Arzt hin und her:

„Schwester, Schwester! Hierher! Hierher!"

Wieder beugte sich die Nonne in ihrer schwarzen Tracht über einen Soldaten, der ganz fürchterlich aus einem dicken Halsverband röchelte und viel Blut verloren hatte:

„Einen Arzt, einen Arzt! Ich brauche einen Arzt!"

„Der Arzt kommt gleich. Gleich ist er da", tröstete die Schwester, obwohl sie genau wusste, dass es nicht so sein würde. Denn der Stationsarzt des Waisenhauses war unterwegs, draußen vor dem Stollen.

Ein Hitlerjunge in schwarzer Winteruniform war als Meldegänger vor etwa einer halben Stunde in den Stollen hereingestürzt und hatte keuchend gerufen:

„Da draußen an der Friedhofsmauer liegen zwei deutsche Soldaten, die die Panzersperre bewachen sollten. Sie sind angeschossen und schreien andauernd: „Sani! Sani!"

Der Arzt hatte sich schnell einen Mantel übergezogen, die Instrumententasche gegriffen und war nach draußen geeilt. Seitdem hatte man nichts mehr von ihm gehört. Keiner traute sich mehr vor die Tür.

Aber es dauerte nicht lange, da schrie ein ergrauter Luftschutzmann, der seine Hand notdürftig mit einem Taschentuch verbunden hatte, durch die halb geöffnete Tür nach innen:

„Sie haben auf einen alten Mann geschossen, der mit seinem Handwagen die Straße überqueren wollte!"

Schwester Agnes hob den Kopf und schnitt ihm schnell die Rede ab:

„Halts Maul! Komm herein und lass dich verbinden, aber mach mir nicht die Leute verrückt."

Etwas später hörte man mehrere heftige Explosionen. Mal in kürzeren, mal in längeren Abständen. Die erste war so stark, dass das elektrische Licht zitterte und die Außentür schepperte. Kurze Zeit später öffnete sich die Tür und zwei Zivilisten schleppten den verletzten alten Mann herein. Er redete im Fieber. Als sie den Mann niederlegten, flüsterte einer von ihnen der Nonne ins Ohr:

„Der Arzt ist tot. Kopfschuss. Er liegt auch an der Friedhofsmauer."

Die Schwester bekreuzigte sich und murmelte:

„Herr, gib ihm die ewige Ruhe und das ewige Licht leuchte ihm…"

Dann rief sie der jungen Begleitschwester zu:

„Anna, schau doch mal nach dem Jungen hinten im Stollen, was er will. Er wimmert wieder so laut."

Nun überschlugen sich die Ereignisse.

Der schwarz uniformierte, junge Meldegänger reißt die Innentür auf, ringt nach Luft und will seine Nachricht in den Raum brüllen. Die robuste Nonne kann gerade noch seinen Mund zuhalten und droht:

„Ganz leise, Bürschchen, und nur zu mir! Was ist los?"

Mit aufgerissenen Augen berichtet der Junge halblaut und immer wieder nach Atem ringend:

„Eine deutsche LKW-Kolonne ist ins Kreuzfeuer gekommen. Der erste Wagen ist sofort in die Luft geflogen und ausgebrannt. Die beiden anderen hatten auch Munition geladen und sind nacheinander explodiert. Der Kaplan Meier ist zu den brennenden Autos gelaufen und hat einen Bauchschuss bekommen."

Noch bevor der Junge weiterreden kann, öffnet sich erneut die Tür des Stolleneingangs und zwei Sanitätssoldaten schleppen auf einer Bahre den Kaplan herein. Die ältere Schwester beugt sich über ihn und weiß sofort, dass ihm nur noch eine Notoperation helfen kann. Aber wo soll sie jetzt einen Arzt herbekommen?

Sie blickt Hilfe suchend nach oben und flüstert:

„O mein Gott, mein Gott."

Das Licht zittert erneut, wird immer schwächer und geht kurz darauf ganz aus. Es vergehen Minuten um Minuten. Man hört nur das Röcheln des Soldaten mit der großen, blutverschmierten Halsbinde.

Als das Licht wieder angeht, kommt die Jungschwester durch den Irrgarten des Stollens nach vorne gehetzt und ruft:

„Dem Jungen geht es jetzt wieder schlechter. Er redet immer noch ganz wirr. Aber ich habe ihn verstanden. Er meinte vorhin nicht Wellen, sondern Welpen. Er macht sich Sorgen um seine jungen Hunde. Die müssten unbedingt Futter bekommen."

Da wird mit einem dumpfen Schlag die Außentür aufgerissen – man hört mehrere Stimmen. Kurz darauf wird auch die Innentür aufgestoßen. Gegen das helle Außenlicht sieht man für einen kurzen Augenblick, wie von dem Spotlicht eines Scheinwerfers angeleuchtet, die dunklen Umrisse eines Soldaten mit Helm und Waffe im Anschlag. Dann tönt es laut:

„Hands up! Get out here! Raus! Raus!"

BRUNO

Es war nicht Bruno. Das war ausgeschlossen. Der da an dem Ast hing, leicht im Wind schaukelte und sich drehte, war entschieden älter als Bruno, hatte schütteres, verklebtes Haar und Bartstoppeln im Gesicht. Wie er da hing, den Hals geknickt, das Gesicht schräg nach oben, die Augen und den Mund halb geöffnet, mochte er so um die vierzig sein. Bruno war ja gerade mal achtzehn Jahre alt.

Das Mädchen, das prüfend den Baum hinaufschaute, mochte nicht viel älter sein. Man hatte dem gehenkten Soldaten die Schulterstücke und die Dienstgradabzeichen von der Uniformjacke gerissen, außerdem fehlten ihm die Stiefel und eine Socke. Um den Hals hing eine Papptafel, auf welcher in verwischter Schrift etwas geschrieben stand. Das Mädchen entzifferte die Wörter „Feigling", „Verräter" und schritt dann in der Dämmerung der Dorfmitte zu.

Das mit Bruno hatte in der Frühe, als der Tag gerade graute und der Nebel noch auf den Feldern und Wiesen stand, begonnen. Sie hatte ihn im Straßengraben entdeckt. Er saß, an einen

Chausseebaum gelehnt und die Füße im Graben, und schlief. Seine dichten, dunkelbraunen Haare hingen ihm seitlich in die Stirn. Als sie sich über ihn beugte, erhellte ein erster, zaghafter Sonnenstrahl sein Gesicht und sie bemerkte einen blonden Haarflaum auf seiner Oberlippe. Nun berührte das Mädchen mit einer Hand leicht seine Schultern und sagte:

„He, was machst du da?"

Der Junge drehte den Kopf zur Seite, holte mit einem tiefen Seufzer Luft und schlief weiter.

Sie konnte ihn nicht sitzen lassen, der Krieg war noch nicht zu Ende und der Tag konnte noch so manches bringen. Besonders für so einen Jungen, der zwar eine grau-grüne Uniform trug, aber kein Gewehr dabeihatte, keinen Helm, nicht einmal eine Mütze. Sie schüttelte ihn noch einmal, diesmal mit beiden Händen, kräftig an den Schultern. Der schmale Oberkörper ließ sich leicht bewegen und der Kopf schlug ziemlich heftig gegen den Baumstamm. Er öffnete die Augen und blickte sie mit offenem Mund verständnislos an. Dann sagte er: „Au!"

„Junge, du musst hier weg. Da kannst du nicht sitzen bleiben. Oder willst du, dass dich eine Streife der Feldjäger hopsnimmt?"

Jetzt schnellte er mit dem Oberkörper hoch und blickte um den Stamm herum erschrocken die Straße hinauf und herab.

„Ich bin mit meiner Kompanie überrollt worden. Ich bin nicht getürmt. Als die Panzer kamen, stießen sie links von unserer Stellung durch." Dabei zeigte er mit beiden Händen immer wieder nach links.

„Ich habe zwei Stück davon erledigt, aber dann hatte ich beide Panzerfäuste abgefeuert und die Panzer..."

„Das kannst du mir gleich ausführlich erzählen, wenn wir von der Straße weg sind. Komm jetzt, es ist viel zu mulmig hier."

Er raffte sich auf und sie schob ihn über den Straßengraben und die Böschung hinauf. Dann liefen sie ein Stück über ein Feld, auf dem das Getreide noch ganz kurz stand und die Tautropfen in den ersten Sonnenstrahlen auf den Hälmchen funkelten. Etwas später hatten sie den Waldrand erreicht und verschwanden im Dickicht.

Während sie sich durch die Schonung arbeiteten, kam kein Gespräch zustande. Aber als beide auf einen schmalen Waldweg marschierten, wobei sie darauf achtete, dass sie das Tal, indem die Straße entlanglief, nie ganz aus den Augen verlor, fing er wieder an:

„Als ich die drei Panzer erledigt hatte, rief der Uffz. neben mir in mein Ohr: „Ab, nach hinten, jetzt kriegen wir gleich Zunder!" Er rannte los und ich hinter ihm her. Dabei muss ich meinen Helm verloren haben. Dann ging es auch schon los. Wir hatten am Waldrand gelegen und die Amis schossen jetzt, was das Zeug hielt, in den Wald. Die Bäume splitterten, krachten, Erdbrocken flogen, Rauch und Qualm. Ich rannte und rannte, ging in Deckung, sprang auf und rannte und rannte. Ich bin durch das ganze Wäldchen gerannt. Von dem Uffz. und den anderen Kameraden war keine Spur mehr."

Nun blieb er stehen, sah das Mädchen an und fragte.

„Was machst du eigentlich hier?"

Das Mädchen in ihrem langen, grau-blauen Luftwaffenmantel und einem grauen, turban-artigen Kopftuch um die schwarzen Haare geschlungen, lächelte mild und antwortete:

„Ich bin eine Flak-Helferin."

„Was ist das denn? Und wo ist dein Verein jetzt?"

„Ich und die anderen Mädels bedienten einen 2m-Scheinwerfer der Luftabwehr. Flackab-teilung 329. Aber ich glaube, davon ist nicht mehr viel vorhanden."

Dann erzählte sie, wie sie vom weiblichen Arbeitsdienst zur Flak abkommandiert worden war. Wie sie ihre Stellung an der Mosel aufgegeben hätten und sich die Batterie über den Rhein absetzen sollte. Sie und Kaschunke im letzten Lkw. Zwei riesige Scheinwerfer als Ladung. Kaschunke aus Schlesien, über vierzig, Obergefreiter, verheiratet, drei Kinder, alles Mädchen. „Das vierte ist in Arbeit", sagte er immer stolz. Mit ihm hatte sie sich etwas angefreundet. Er hatte auch beim Spieß durchgesetzt, dass sie mit ihm und einem Beifahrer im letzten Wagen saß. Dann stotterte der Motor immer heftiger, bis er ganz ausfiel. In der Mittagshitze sagte Kaschunke, unter der Motorhaube hervorlugend, zu dem Krad-melder, der neben ihm angehalten hatte:

„Sag dem Alten, dass ich nachkomme, wenn das hier repariert ist. Lasst euch durch uns nicht aufhalten und macht euch weiter aus dem Staub."

„So, und dann seid ihr von den Amis überrollt worden. Was?"

„Nein, noch nicht. Zunächst einmal hielt knatternd ein Motorrad mit Beiwagen. Drei Männer Feldpolizei. Aber kein Problem – wir hatten ja einen Marschbefehl. Als die Feldjäger wieder davon ratterten, meinte der vom Lenker noch:

„Macht mal ein bisschen flott, sonst kriegt ihr noch Probleme mit einem Greiftrupp von der SS."

Nach ungefähr einer halben Stunde tauchte Kaschunke mit schweißigem Gesicht wieder unter der Kühlerhaube auf, rief: „Scheiß Verteiler!", startete den Lkw und der Motor lief. Als wir weiterfuhren, befanden wir uns in einer Wehrmachtskolonne. Hauptsächlich Verpflegungsfahrzeuge mit Pferdegespann. Es ging nur langsam vorwärts.

Kurz darauf kamen die Jabos wie ein Gewitter von rückwärts herangeschossen und feuerten aus allen Rohren. Wir saßen zu dritt im Führerhaus: Kaschunke, ein junger Kanonier und ich. Schon beim ersten Anflug hat es voll in den Motor gefetzt. Das Auto streifte einen Chausseebaum, kippte zur Seite und wir landeten im Graben. Ich fiel auf den Kanonier, der Kanonier auf Kaschunke. Nachdem sich die Jabos verzogen hatten, kletterten wir aus dem verschobenen Führerhaus. Ich zuerst, dann der Kanonier, Kaschunke bewegte sich nicht. Er hing eingeklemmt über dem Lenkrad, Blut im Gesicht. Tot.

Draußen war die Hölle los. Soldaten rannten im Rauch brennender Autos umher und schrien: „Sani! Sani!", dazwischen galoppierten herrenlose Pferde umher oder lagen röchelnd am

Boden. Es dauerte lange, bis sich die Fahrzeugkolonne wieder einigermaßen gesammelt hatte und weiterziehen konnte.

Am Schluss stand ich da und wusste nicht, wie es weiter gehen sollte ohne Kaschunke. Ein älterer Soldat, der an einem Gespann schob, rief mir zu, wie ich da so flennend vor unserem gestürzten Lkw stand: „Mensch, Mädel, hau doch ab! Was willst du denn noch hier? Den Heldentod sterben? Hau ab, Mensch!"

Das tat ich dann auch. Ich versteckte mich erst im Wald, bis es dunkel wurde. Dann lief ich die Landstraße entlang. Immer wenn Fahrzeuge kamen – ab in die Büsche! Das ging die ganze Nacht so. Ein Stück laufen, dann ab in die Büsche. Bis ich dich heute Morgen im Straßengraben sitzen sah."

„Wie als bist du eigentlich?", fragte sie.

„Im vorigen Monat achtzehn geworden. Arbeitsdienst, dann sofort zum Barras: Panzergrenadier. Die Speerspitze des Heeres. Drei oder vier feindliche Panzer habe ich geknackt, aber klar!"

Jetzt sind es schon v i e r Panzer, dachte sie.

„Wo bist du denn zu Hause?"

„Westerwald."

„Na, dann lasst uns erst einmal bis zum Rhein kommen. Wenn du irgendwie unbeobachtet über den Rhein gekommen bist, musst du allein weiter."

Gegen Mittag setzten sie sich an einer Waldlichtung unter einer breiten Eiche zur Rast. Die Sonnenstrahlen fielen durch die noch unbelaubten Äste und erwärmten die beiden. Außer ein paar Rehen war ihnen niemand begegnet.

„Wie heißt du denn?", fragte das Mädchen.

„Bruno", antwortete er.

„Und du?"

„Angelika", sagte sie und wurde rot im Gesicht.

„Angelika", wiederholte er, wobei ihm schon die Augenlider sanken.

„Und wie alt bist du?"

„Ich bin zwanzig."

„Ganz schön alt", murmelte er, schloss die Augen und schlief.

Langsam fielen sein Kopf und seine Schulter immer weiter zur Seite. Sie rückte näher, so dass sein Kopf in ihren Schoß zu liegen kam und sie ihren Arm auf seine Schulter legen konnte. Er atmete tief, aber ab und zu wurde er unruhig und fing zu wimmern an. Sie fuhr ihm dann sacht über die Haare und flüsterte: „Es wird schon gut. Das wird schon wieder".

Am späten Nachmittag machten sie sich wieder auf den Weg, jetzt näher an die Straße heran. Angelika wurde unruhig, denn sie mussten sich bald dem Rhein nähern. Dort kannte sie sich aus. Sie stammte aus einem kleinen Dorf, das fast am Rheinufer lag. Die meisten Leute dort waren kleine Winzer oder bescheidene Bauern.

Auf der schmalen Landstraße, die wahrscheinlich schon zum Rheintal hinab führte, herrschte wenig Verkehr. Gelegentlich sahen sie Radfahrer oder kleine Trupps von Zivilisten, die meisten waren mit vollbeladenen Hand- oder Kinderwagen in östlicher Richtung unterwegs.

Als die beiden schon fast die Straße erreicht hatten, hörten sie das Brummen eines Lastwagens, das sich von der Höhe her rasch näherte. Angelika rief:

„In Deckung, Bruno!"

Aber der machte kehrt und lief wie besessen in den Wald zurück und war sofort verschwunden. Das Mädchen konnte ihm nicht nachrufen, denn das Fahrzeug war schon in Sichtweite. Es war ein kleiner Holzvergaser und nur deshalb so schnell, weil die Straße stark bergab ging. Es war augenscheinlich kein Militärwagen. Das Mädchen trat auf die Straße und winkte. Der Lastwagen hielt und über den

Rand der offenen Pritsche blickten drei Frauen und mehrere Kinder verschiedenen Alters. Die Autotür öffnete sich und Angelika konnte neben dem grauhaarigen Fahrer noch zwei Frauen im Führerhaus erkennen.

„Wo willst du hin?", fragte der Mann.

„Zum Rhein", sagte sie ohne Umschweife.

„Steig auf!"

Der hintere Teil der Pritschenumrandung wurde herabgelassen, das Mädchen wurde hinaufgezogen und konnte sich zwischen die Kinder auf den Boden setzen. So fuhren sie bis zum Rhein hinab, ohne dass sich jemand um sie gekümmert hätte. Beim Aussteigen am Dorfrand sagte eine der Frauen zu Angelika:

„Wirf deinen Militärmantel weg, der ist jetzt zu gefährlich. Ich gebe dir eine Kittelschürze und eine alte Strickjacke. Damit fällst du nicht so auf".

Das Mädchen legte den Mantel am Straßenrand ab, zog die heraus-gereichten Kleidungsstücke an und bedankte sich dafür, als der Wagen wieder auf Fahrt ging.

Die Sonne war schon hinter den Bergen verschwunden, als sie sich den ersten Häusern näherte. Da sah sie eine Gestalt an einem Baum hängen und baumeln. War das Bruno? Ein fürchterlicher Schreck durchfuhr sie. Sie musste Gewissheit haben, musste zu dem Baum hin.

Als sie den gehenkten Soldaten betrachtet hatte, schritt sie langsam weiter, ohne dass sie ihre Schritte spürte, wie auf einer Wolke.

„O Gott", murmelte sie, „lass ihn durchkommen! Lass ihn doch nur durchkommen!"

GOOD-BYE HITLER

Ich flog vom Himmel herab geradewegs auf den Wipfel einer Tanne zu und hatte, während ich herabschwebte, deutlich erkennen können, wie mein Flieger, eine schwarze Rauchwolke hinter sich herziehend, in den Wald segelte und in einem gleißenden Feuerball explodierte. Im Geäst der Tanne sauste ich nach unten und es war mir, als würde mir jedes einzelne Glied meines Körpers gebrochen. Mit einem gewaltigen Ruck verfing sich der Fallschirm in den Zweigen und ich war nahe daran, mir dadurch das Genick zu brechen. Nachdem ich aus meiner Benommenheit erwacht war, gelang es mir, den Gurt des Schirmes zu öffnen und einige Schnüre, die noch spannten, mit dem Messer zu kappen. Mit dem Gewicht meines Körpers und der schweren Fliegeruniform durchbrach ich augenblicklich die restlichen Äste und landete mit meinem Hinterteil auf dem Waldboden.

Dort saß ich eine halbe Ewigkeit lang und betastete nach und nach all meine Glieder. Ich hatte überall Schmerzen, aber es schien kein Knochen ernsthaft beschädigt zu sein. Endlich rappelte ich mich hoch, tapste aus dem Wald heraus und folgte einem Feldweg.

Wenig später setzte ich mich erschöpft unter einen blühenden Apfelbaum. Ich schaute durch die weiße Blütenpracht hinauf in den wolkenlosen, blauen Frühlingshimmel. Der Wettergott beschenkte uns in diesem Frühjahr einige wunderschöne Tage, als wollte er uns verdeutlichen: *Ich habe mit all dem nichts zu tun, was ihr sonst so Schreckliches auf Erden veranstaltet habt.*

Aus Meldungen von jenseits der Front wusste ich, dass es für einen abgeschossenen Piloten nicht gut war, Zivilpersonen oder der Polizei in die Hände zu fallen – was verständlich war bei all den tausenden Bomben, die wir in den letzten Monaten auf die Menschen in den Städten herabgeworfen hatten. Wenn wir von Soldaten gefangen genommen wurden, konnten wir eher mit dem Leben davonkommen. Trotz all dieser beunruhigenden Aussichten übermannte mich die Müdigkeit und ich schlief ein.

Als ich die Augen wieder öffnete, stand er vor mir: ein kleiner, alter Mann, der aus einer anderen Welt zu kommen schien, und mich anlächelte. Neben ihm saß ein kleiner, braungelber Hund und wedelte freudig mit seinem buschigen Schwanz. Der Mann war unbewaffnet, stak in einem zu groß geratenen Wintermantel und auf seinem Kopf saß ein grünes Filzhütchen. Er hob seinen rechten Arm zu einer Art militärischem Gruß und fragte:

„How do you do in your Ami-shoe?" Ich antwortete:

"Allright".

Dann gab er mir die Hand, half mir hoch und ließ mich in einem kleinen Handwagen sitzen, der hinter ihm zum Stehen gekommen war.

Nun zog er mich den menschenleeren Feldweg entlang, bis wir zu einer Feldscheune gelangten. Dort öffnete er das Tor und ich sah im schrägen Licht der Spätnachmittagssonne, dass in der Scheune Stroh und Heu gelagert wurden. Ich stieg mühsam vom Wagen und ließ mich sogleich wortlos auf einem Strohballen nieder. Daraufhin reichte mir das Männchen einen Brocken Brot und ließ mich von einer Flasche mit Schnappverschluss trinken. Es schmeckte wie eine Art Kaffee.

Nachdem Mann, Hund und Wagen wieder verschwunden waren, ließ ich mich wie ein schwerer, ausgedienter Sack im weichen Heu nieder. Ich sah, wie die Sonnenstrahlen schräg durch die Lüftungsschlitze der Holzwand fielen und hörte erst jetzt, wie das dumpfe Kriegs-gewitter draußen wütete: Tief brummende Flugverbände lagen in der Luft, die ihre Bombenlast abgeworfen hatten und auf dem weiten, gefährlichen Heimweg zu ihren Hangars waren. Die Artillerie der Luftabwehr wummerte ununterbrochen und zwar so nah, dass die Erde leise zitterte.

Irgendwann in den nächsten Tagen öffnete sich mit einem leichten Ruck spaltweit das Scheunentor und jemand spähte ins Innere. Danach ging das Tor etwas weiter auf und ein Mann, eine Baskenmütze auf dem Kopf, schritt herein, blickte um sich und legte sich mit einem kurzen „Salut" ins Heu, worauf er fast augenblicklich anfing zu schnarchen.

Das Brummen der Bomberstaffeln hatte aufgehört, auch die Artillerie hatte sich offenbar verzogen. Dafür waren andere unheilvolle Kriegsboten unterwegs: Jagdflugzeuge, die im Tiefflug heulend und pfeifend das Gelände durchmaßen und ihre Bordgeschosse hämmernd auf Ziele am Boden niederfahren ließen. Dazwischen waren Einzelschüsse und das Knattern von automatischen Waffen, mal näher, mal ferner, zu hören. Und immer wieder durchfuhr meinen Körper der jähe Heulton und die krachende Explosion von Granaten.

Die Kriegsmaschinerie war über mir. Ich hielt mir die Ohren zu und drückte mich so tief ins Heu wie es nur ging.

In den nächsten Tagen war das Kriegsgeheul am Verstummen. Abermals öffnete sich die Scheunentür und eine seltsame Gestalt, wie eine übergroße Heuschrecke hüpfend, betrat den Raum. Ein deutscher Soldat mit einer provisorischen Krücke, die er sich aus einem Ast gebastelt hatte, humpelte durch den Raum. Er ließ sich vorsichtig im Heu nieder und wimmerte leise vor sich hin, bis er eingeschlafen war.

In unregelmäßigen Abständen brachte uns das Männchen etwas, was er wohl gerade noch entbehren konnte, zum Essen und Trinken.

Eines Morgens, noch bevor es zu tagen begonnen hatte, musste unser Rettungsengel schon dagewesen sein. Denn er hatte etwas Brot, einige Äpfel und zwei Flaschen mit dem eigenartigen Kaffeegetränk mitten auf dem freien Boden der Scheune abgestellt. Wir drei Übriggebliebenen des allgemeinen Kriegstobens machten uns schnell darüber her. Vielleicht war es unsere letzte Mahlzeit.

Am nächsten Tag waren wir drei schon mit den ersten schrägen Sonnenstrahlen wach, die die Scheune zu erleuchten begannen. Denn es herrschte eine ganz ungewohnte Stille. Wir wagten kaum zu atmen, so als könnten wir dadurch ein unbeschreibliches, schreckliches Unheil von uns abwenden.

Endlich, gegen Mittag wurde das Scheunentor ruckartig aufgerissen und der kleine, alte Mann stand wie ein von Licht umflorter Himmelsbote in der offenen Scheunentür, hob die Arme und rief:

„War is over, Hitler is kaputt!"

Wir rappelten uns hastig hoch und tapsten aus dem Halbdunkel der Scheune ins Freie. Von der Sonne geblendet blinzelten wir um uns. Es war keine Menschenseele zu sehen.

Dann marschierten wir los. Wieder den Feldweg entlang. Ich vorneweg mit humpelndem Schritt, der Infanterist mit seiner selbstgebastelten Baumastkrücke hinkte hinterher, der Franzose mit der Baskenmütze folgte mit gesenktem Blick. Mit einem geringen Abstand schritt unser Retter der vergangenen Tage. Sein kleiner Hund trippelte neben ihm her und wedelte aufgeregt mit dem Schwanz.

Es dauerte nicht allzu lange, dann hörten wir hinter uns das Brummen eines Autos. Als wir uns umdrehten, sahen wir ein offenes Militärfahrzeug, in dem zwei amerikanische Soldaten saßen, ein schwarzer Fahrer und ein weißer Korporal. Der Weiße rief:

„Get in! War is gon!".

Wir waren nicht in der Lage, aufzupringen oder Freudentänze aufzuführen. Dazu waren wir viel zu schwach. Aber unsere Augen leuchteten. Die beiden Soldaten hoben uns nacheinander an und verfrachteten uns wie Gepäckstücke auf dem Rücksitz ihres Wagens.

Als wir losfuhren, salutierte das Männchen und das Hündchen jaulte. Dazu rief er in seinem seltsamen Englisch:

„Goodbye in your Ami-shoe. And good luck for you all"!

WINTERSBERG

Der Wind blies durch das eingeschlagene Fenster und die offene Tür des Wärterhäuschens am Bahndamm. Immer wenn der Sturm anschwoll, schlug ein einsamer Fensterladen wütend gegen das Mauerwerk als wollte er dem Toben da draußen knallend Beifall klatschen. Ich saß auf dem nackten Fußboden des völlig ausgeräumten, quadratischen Raumes, in den ich mich vor dem Unwetter geflüchtet hatte. Heftige Regenschauer, vermischt mit eisigen Schloßen, hatten mich zur Einkehr gezwungen. Vorerst war kein Weiterkommen möglich.

Warmluft war auf Kaltluft geprallt. Dadurch war ein unbändiger Winter-Ende- oder Frühling-Anfang-Sturm ins Land gebraust. Typische Wetterlage zu dieser Jahreszeit. So hatte ich es vor gar nicht langer Zeit in der Schule gelernt.

Wir waren mit unserer kleinen Fernmeldeeinheit schon seit Tagen festgefahren. Nichts ging mehr. Unser Mannschaftstransportwagen mit der aufgesetzten Funkkabine saß am Straßenrand fest. Kein Tropfen Benzin mehr im Tank, auch das Funkgerät gab keinen Pieps mehr von sich. Der handgetriebene Dynamo ließ sich drehen und drehen, bewirkte aber nichts in dem Funkkasten.

Der Feldwebel und der Unteroffizier steckten auf dem Vordersitz ihre Köpfe über einem Messtischblatt zusammen und berieten schon eine halbe Ewigkeit lang. Der Gefreite und ich starrten hinaus in den Wind und warteten. Es dauerte und dauerte.

Ich war erst kurz beim Barras. Nach Notabitur und zweimonatigem Arbeitsdienst wurde ich an die Front geschickt. Sofort nach Osten. Obwohl ich Spreizfüße hatte und eine ziemlich dicke Brille trug. „Kleinvieh macht auch Mist", hatte der Stabsarzt nach der Musterung aufmunternd gesagt. Somit war ich bei den Fernmeldern gelandet. Da musste man angeblich nicht so viel laufen, musste nur sein Köpfchen gebrauchen. Die Ausbildung als Funker beschränkte sich auf das Notwendigste. Daher war ich der Letzte im Glied, sozusagen der Stiefelputzer.

Endlich drehten sich die beiden Köpfe der Berater uns beiden auf dem Rücksitz zu und der Spieß sagte:

„Einer von euch muss zurück zum Bataillonskommando. Wir brauchen Unterstützung".

Darauf blickte er mich an und fuhr fort:

„Soldat Fischer, Sie marschieren mit einem schriftlichen Auftrag nach Norden, immer den Bahndamm entlang bis Wintersberg. Dort melden Sie sich in der Kommandantur bei Major Strielow und übergeben eine schriftliche Meldung."

Ich brüllte:

„Jawohl, Herr Feldwebel".

„Wiederholen Sie den Befehl!"

Ich brüllte wiederum: „Ich marschiere mit einem schriftlichen Auftrag nach Norden immer den Bahndamm entlang bis Wintersberg. Dort melde ich mich in der Kommandantur bei Major Strielow und übergebe die schriftliche Meldung."

Der Feldwebel nahm Papier und Bleistift und schrieb etwas auf einen feldgrauen Papierbogen. Dann steckte er ihn in einen Umschlag, beschriftete ihn und setzte mit Schwung noch zwei

Stempel darauf. Er reichte mir den Brief und ich las:

An Major Adolf Strielow

Kommandantur Fernmeldebat. soundso

Wintersberg

Per Kurier!

Eilt!

„So ab, marsch-marsch! Es sind nur etwa zehn Kilometer. Kleines Marschgepäck".

Ich verstaute den Brief in meiner Brusttasche, knöpfte den Wintermantel zu, sprang aus dem Wagen, schnappte mein Gewehr und ab in den nasskalten Regen, Richtung Bahndamm.

Als ich dort angekommen war, lief ich neben den einspurigen Schienensträngen entlang. Ab und zu waren auf einer Nebenspur einige verrostete Loren im Nebel zu erkennen. Vielleicht war diese Strecke eine stillgelegte Werksbahn, die irgendetwas befördert hatte.

Ich mochte das Marschieren in den Militärstiefeln überhaupt nicht. Sie drückten mich schon nach wenigen Metern und ich bekam nach kurzer Zeit Blasen an den Füßen. So wurde mir jeder Schritt zur Qual und dementsprechend war auch jetzt mein Marschtempo nicht sehr hoch.

Nach ungefähr fünf Kilometern wurde das Wetter immer schlimmer. Der Wind drückte schwere dunkle Wolken nieder und der Regen prasselte unaufhörlich. Es war so dunkel geworden als wollte sich der kaum begonnene Tag schon wieder zur Nacht hin verabschieden.

An einer Straßenkreuzung des Bahndamms sah ich von Ferne dunkle Gestalten marschieren, eine lange Reihe offenbar hinfälliger Menschen, die sich in gebückter Haltung stumm gegen das widrige Wetter stemmten. Wachsoldaten mit geschulterten Gewehren schritten vereinzelt nebenher und folgten auch am Schluss des Zuges. Sind das Gefangene? Oder Lagerinsassen bei einem Arbeitseinsatz? So nah an der Front?

Ich hatte keine Lust, dem schaurigen Zug nahe zu kommen, sondern hielt so lange an, bis der gespenstische Auftritt vorbei war. Dann sah ich schemenhaft ein Wärterhäuschen auftauchen. Ich atmete auf. Ein Unterschlupf!

Da saß ich nun und wartete. Der Sturm holte ab und zu etwas Atem, brach aber

schon nach kurzer Zeit mit unver-
minderter Wucht wieder los.

Ewig konnte ich hier nicht bleiben.
Daher stand ich auf und ging zum
Türeingang. Ich lauschte in den regen-
nassen, böigen Wind.

Etwas quietschte und holperte in grauer
Ferne, als würde Metallisches auf den
Schienen entlang gezogen. Kurze Zeit
später entpuppte sich das Geräusch als ein
Gefährt, das auf den Schienen rollend
langsam aus der Regenwand hervortrat.
Es war eine Draisine. Eine Tret-Draisine.

Ich sprang aus der Türöffnung, hob
beide Arme winkend hoch und lief den
beiden Soldaten entgegen, die auf dem
Gefährt saßen. Schnarrend hielt das
Fahrzeug an. Misstrauisch blickte ein
Landser unter seiner regennassen Feld-
mütze zu mir auf. Sein graues Gesicht war
so alt als hätte es mindestens hundert
Jahre Kriegserfahrung hinter sich. Er
fragte:

„Was bist denn du für einer"?

Ich brüllte meinen Namen, Dienstgrad
und so weiter. Er erwiderte:

„Und was willste hier"?

Ich zog eilfertig meinen Kurier-Brief hervor und reichte ihn hinunter. Er hob das Gesicht und las blinzelnd in den Regen hinein.

„Nach Wintersberg! Biste verrückt? Du willst wohl dem Iwan geradewegs in die Arme laufen. Du bist total plem-plem. Da hat man dich ganz schön verkackeiert, Jüngelchen. Was sind denn das bloß für Kameradenschweine gewesen?" Dann fragte er, ohne eine Antwort abzuwarten:

„Kannste mich ablösen? Ich bin total fertig von dem dauernden Strampeln. Ich brauch eine Pause".

Damit stand er auf, um mir Platz zu machen.

Ich stand da und überlegte: Die beiden fuhren nicht in meine Richtung, sondern dahin, wo ich herkam. Wenn ich mitfuhr, war das Befehlsverweigerung. Das konnte mir den Kopf kosten.

Aber der alte Besserwisser duldete kein verweilen:

„Na hopp, hopp! Oder willste hier festwachsen. Deinen Brief kannste dir sonst wohin stecken. In Wintersberg gibt es keinen Kommandeur mehr. Die sind alle stiften gegangen. Jetzt wo der Krieg schon fast alle ist, gibt es nur noch eins - abhauen! Und zwar nach Westen".

„Na gut. Ich mach´s. Aber ich ziehe vorher meine Stiefel aus. Dann geht es besser".

Ich zog schnell meine Knobelbecher aus und reichte sie nach hinten, auch meine Knarre. Dort hatte der graue, alte Landser gerade noch einen Stehplatz in dem engen Gefährt. Der zweite Soldat war abgesprungen, schob die Draisine mit kräftigem Schwung an und hüpfte wieder auf.

So strampelte ich, nur meine Fußlappen an den Füßen, den ganzen Weg wieder zurück, die einspurige Schiene entlang, ohne dass sich irgendjemand um uns kümmerte. Sogar der Regen und der Wind schienen allmählich das Interesse an unserem einsamen Rückzug verlieren zu wollen, denn der Sturm flaute merklich ab.

Nach gut einer Stunde tauchte etwas Helles, Glitzerndes im Regendunst zur linken Bahnseite auf. Es war ein Fluss. Der Kamerad hinter mir wurde ganz aufgeregt. Er rief:

„Das ist die Elbe, die Elbe! Was sonst? Ganz sicher die Elbe!"

Nach kurzer Fahrt konnten wir eine Traube deutscher Soldaten erkennen, die sich am Ufer versammelt hatten. Auf dem Fluss selbst schwammen Holzkähne und Gummiboote. Mein Hintermann war jetzt ganz aus dem Häuschen und brüllte:

„Halt! Halt! Aussteigen! Alles wegwerfen! Die Gewehre, die Munition, die Helme, die Gasmaskentrommel! Den ganzen Militärkram! Fort! Fort! Das sind die Amis da unten"!

Wir warfen alles in die nächsten Büsche. Ich konnte allerdings nur einen Stiefel retten. Der andere war wohl während der Fahrt von der Draisine gefallen. So humpelte ich meinen Gefährten hinterher, an einem Fuß einen Stiefel, am anderen Fuß Lappen gewickelt.

Wir schlossen uns mit erhobenen Händen einfach der Traube Soldaten an, die da am Ufer auf die Holzkähne warteten, damit sie über den Fluss gebracht wurden. Die Amerikaner hatten auf der rechten Seite der Elbe einen kleinen Brückenkopf gebildet. Man sah hinter gestapelten Sandsäcken MG-Stellungen herausragen.

Auf dem Weg zur Anlegestelle wurde ich von einem riesenhaften schwarzen amerikanischen Soldaten am ganzen Körper nach Waffen abgetastet. Besonders interessierte er sich für meine Armbanduhr. Es war eine Junghans-Uhr mit Leuchtziffern. Ich hatte sie zu meiner Konfirmation geschenkt bekommen. Sie verschwand blitzschnell in einer seiner weiten Uniformtaschen. Dabei sah ich auch, dass er auf seinem linken Unterarm schon eine ganze Reihe verschiedener Armbanduhren gesammelt hatte.

Der Kurierbrief in meiner Brusttasche, Adresse Wintersberg, war bei der Untersuchung glattweg übersehen worden.

Ich ließ ihn, zusammengeknüllt, ganz sachte im Elbwasser davonschwimmen.

ALPENFESTUNG

Ich saß gerade beim Frühstück, als mein Bürodiener anrief:

„Hallo Chef, die Amis sind da!

Sie sind vorhin einfach mit zwei Lastwagen an der Pforte vorbei in den Hof gefahren. Daraufhin haben alle Fremdarbeiterinnen die Arbeit liegen lassen und sind in den Hof gestürmt. Jetzt findet eine allgemeine Verbrüderung mit dem Feind statt. Was soll ich tun?"

„Sie tun gar nichts, Matuschek, rein gar nichts. Sie stellen sich dumm – das fällt Ihnen ja nicht schwer. Sie wissen von nichts. Sie wissen nicht, wo ihr Chef ist und wo er sich aufhalten könnte. Rein gar nichts wissen Sie. Verstanden?"

„Alles gut, Chef, ich weiß gar nichts."

Mir war sofort klar, dass ich abtauchen musste. Wenigstens so lange, bis sich die Lage wieder beruhigt hatte. Dann würde man wieder weitersehen können. Immerhin hatte ich ja im 3. Reich keine Menschen umgebracht.

Bis dahin würde Matuschek die Stellung in der Fabrik halten müssen. Er stammte irgendwoher aus Böhmen und war für bestimmte Aufgaben ganz gut zu gebrauchen. Was einen bis zum Wahnsinn treiben konnte, war, dass man nie genau wusste, ob er es ernst meinte oder ob er einen verarschen wollte.

So fand ich erst einmal Unterschlupf bei einem Bauern, der meine Familie immer mit Winterkartoffeln versorgte. Natürlich nicht umsonst. Das ging in den Kriegsjahren nur auf Gegenleistung. Ich schenkte ihm einmal einen großen Teppich für den Dielenfußboden in seinem Wohnzimmer. Oder er bekam Kaffee oder Zigaretten aus dem Fundus einer Wehrmachtsverpflegungseinheit, mit der ich über die Firma gute Beziehungen hatte.

Die Fabrik war weitab von der Front im Alpenvorland angesiedelt und stellte Verbandstoffe und Sanitätsartikel her. Sie war ein kriegswichtiger Betrieb, weshalb ich auch nie als Soldat an die Front musste.

Da im Laufe des Krieges immer mehr Frauen für die Arbeit in den Munitionsfabriken und anderen Rüstungsbetrieben gebraucht wurden, füllte man die Lücken mit Fremdarbeiterinnen aus den besetzten Gebieten auf. Daher hatten auch wir über hundert Frauen aus Polen, Russland und sonst woher im Arbeitseinsatz. Sie wurden jeden Morgen mit Lastwagen aus ihrem Lager am Ende des Städtchens herbeigeschafft und gegen Abend wieder dorthin zurückgefahren.

Auf diese Weise ging es lange Zeit ohne Probleme, wobei Unterkunft und Ernährung der Frauen so gestaltet wurden, dass es gerade noch erträglich war. Aber an dem Tag, an dem die Niederlage der 6. Armee bei Stalingrad auch bis zu den Fremdarbeiterinnen durchgedrungen war, kam es zu einem Aufstand. Beim Mittagessen fingen die Frauen plötzlich an, mit den Löffeln auf die Blechgefäße zu trommeln und patriotische Lieder zu singen.

Dagegen musste ich natürlich sofort etwas unternehmen. Der Respekt vor mir und dem Deutschen Reich musste wiederhergestellt werden! Ich besorgte mir einige Männer vom Werksschutz und gemeinsam mit dem Hausmeister schritten wir die Reihen der Frauen ab und prügelten auf sie ein. Es gab Ohrfeigen und Boxhiebe und manchmal musste ich besänftigend einschreiten, indem ich rief: „Nicht zu fest, ihr Blödhammel, wir brauchen sie noch zum Arbeiten". Als ich bei Kalinka angekommen war, die ich für die Anführerin der ganzen Aktion hielt, verpasste ich ihr eine Ohrfeige, so dass Blut aus ihrer Nase schoss. Ich hatte gar nicht fest zuschlagen wollen. Aber irgendwie ist mir die Hand so richtig ausgerutscht. Ich holte mein Taschentuch aus meiner Hosentasche und wollte es ihr geben, doch sie schlug es mir aus der Hand. Da sah ich ihren Blick, den ich nie vergessen werde. Es war der blanke Hass, der mir da entgegenschlug.

Dann passierte bis Kriegsende nichts mehr Derartiges. Auch als im April 1945 bei den Arbeiterinnen durchgesickert sein musste, dass Hitler in der Reichskanzlei Selbstmord begangen hatte, blieb bei ihnen alles ruhig. Sie wollten in den letzten Tagen des Krieges offensichtlich nichts mehr riskieren, keine Racheaktionen heraufbeschwören.

Ich weiß nicht, welcher Teufel mich einige Tage nach Kriegsende geritten hatte – jedenfalls musste ich aus meinem Versteck heraus und in der Fabrik nachsehen, wie es so lief. Ich befand mich gerade auf der Toilette des Flurs, der zu unserem Büro führte. Jemand rannte im Eiltempo die Holztreppe herauf, an meiner Klotür vorbei und riss die Bürotür auf. Ich zog meine Hose wieder hoch und spähte durch den Türschlitz, um zu sehen, was sich da abspielte.

Es war Kalinka, die Matuschek ein spitzes Küchenmesser unter die Nase hielt und schrie:

„Wo ist Nazischwein Förster?"

„Förster? Nicht hier. Weit weg."

„Wo ist weit weg?"

„Also er ist…ja, er ist in der Alpenfestung."

„Wo ist Alpenfestung?"

„Ich schreib es auf."

Dann nahm Matuschek einen Kopierstift und schrieb auf Kalinkas Handrücken, wobei er immer wieder den Stift mit seinen Lippen anfeuchtete, das Wort „Alpenfestung".

„Wo ist Alpenfestung?"

„Ich zeig es hier am Fenster."

Dann deutete er mit dem Zeigefinger über den Hof, die Straße zum Städtchen entlang und darüber hinaus bis hinauf zu den Bergen.

Kalinka drehte sich um und rannte den Flur zurück. Ich schloss sofort die Klotür und hielt bibbernd vor Angst meine Hosen fest.

Nach einer Weile ließ sich Matuschek vernehmen:

„Sie können jetzt wieder herauskommen, Chef."

„Matuschek, Sie Volltrottel, was war denn das hier wieder für eine Veranstaltung? Ich habe mir beinahe in die Hose gemacht. Das war ganz, ganz knapp! Mensch, Matuschek, wäre es nicht einfacher gewesen, sie einfach wegzuschicken? Warum diese ganze Prozedur?"

„Ich musste ihr doch ein Ziel geben, damit sie ihre Wut loswerden konnte. Sonst wäre sie vielleicht wiedergekommen.

Das mit der Alpenfestung war doch ein toller Einfall. Ganz große Klasse! Oder? Zur Alpenfestung wollten doch plötzlich alle Nazigrößen."

Jetzt klopfte er sich mit beiden Fäusten auf die Knie, stimmte ein dröhnendes Gelächter an, japste und gluckste immer wieder „Alpen-fes-tung, Al-pen-fes-tung!"

Ich verzog mich schnell wieder. Ich hatte mit mir selbst zu tun. Ich zitterte immer noch und schnappte nach Luft.

Was hatte mich damals nur dazu gebracht, so fest zuzuschlagen? Die Furcht, ich könnte vor den anderen, die da mit mir auf diese wehrlosen Frauen einprügelten, nicht voll genommen zu werden? Dabei war ich doch

kein richtiger Nazi. Nur so ein kleiner Mit-
läufer, der den Krieg überstehen wollte. Das
Parteiabzeichen habe ich nach Kriegsende
sofort weggeschmissen.

Mein Gott noch mal!

OLD STANKO

Eigentlich mochte ich Geschichtsunterricht nicht. Bis auf dieses eine Mal. Es ging um Hitler, das Dritte Reich und den Krieg.

Stankowski, der Geschichtslehrer, stand vorne am Pult und unterhielt sich hauptsächlich mit Ulla und Magdalena, die in der ersten Bank saßen und wie immer voll dabei waren. Zu Stankowski sagten alle Stanko, sogar seine Lehrerkollegen, wenn er nicht dabei war. Er war schon ein alter Knabe, sicherlich schon so um die sechzig. Immer korrekt gekleidet, mit Sakko und Schlips, die Haare kurz geschnitten, eine dicke Hornbrille auf der Nase. Er hatte die Klasse gut im Griff, sah alles, was da neben dem Unterricht in den Bankreihen so vor sich ging. Er verzettelte sich nicht mit Kleinigkeiten, aber wenn es ihm zu viel wurde, war er zur Stelle und dann hagelte es Strafarbeiten, die er als „kleine Sonderaufgaben" umschrieb.

Neben mir in der Bank drehte sich Bernhard unter der Tischplatte gerade zwei Zigaretten aus einem Drum-Tabak-Päckchen für die Pause. Bis dahin waren es gerade noch zehn Minuten. Links von mir beschäftigte sich Frank ziemlich angestrengt mit seiner Nachbarin Marie-Luise. Sie schoben sich unter der Bank mit den Knien und pufften sich, sobald sich der Lehrer zur Tafel oder zur Wandkarte drehte. Immer wenn sich Marie-Luise nach vorne auf den Tisch lehnte und sich dabei ihr kurzes T-Shirt nach oben zog, sah ich ein nacktes Stück ihres Rückens und am unteren Rand das Gummiband ihrer schwarzen Unterhose. Genau in der Mitte davon konnte ich etwa fünf Millimeter lang den Schatten ihrer Pofalte erahnen. Ganz klar, dass Frank ziemlich erregt war. Hinter mir rechts in der letzten Bankreihe spielten Bodo, Jens und Steffen unter der Tischplatte ein Kartenspiel mit dem Namen "Sauarsch". Sie wisperten ziemlich laut, wenn es bei dem Spiel zu Unstimmigkeiten kam.

Stanko hatte beides wahrscheinlich schon längst im Blick, aber er reagierte nicht darauf. Es waren ja auch nur noch zehn Minuten bis zur Pause.

Da geschah es. Ulla fragte einfach so heraus:

„Was heißt das eigentlich „Krieg"? Wie ist es da?"

„Wollt ihr wissen, wie es im Krieg wirklich war?", antwortete Stanko und seine Augen blickten schräg nach oben ins Klassenzimmer als ob dort die Erinnerung dämmerte. Nach einer Weile sagte er:

„Ich hab´ zum Beispiel einen Bombenangriff mitgemacht."

Magdalena stieß sofort nach und wollte wissen, wie alt Stanko damals gewesen sei. Die meisten Mädchen sind immer scharf darauf, das Alter eines Lehrers zu erfahren.

„Ich muss in der ersten oder zweiten Klasse der Volksschule gewesen sein und wir hatten kaum noch Unterricht wegen des häufigen Fliegeralarms", fuhr der Lehrer fort:

„Ich nahm immer meinen Schulranzen in den Luftschutzkeller mit, wenn im Radio der monotone Wecker seinen Takt schlug und die Fliegerwarnungen anzeigte. „Starke Bomberverbände nähern sich aus Richtung…" Meistens heulten dann auch bald die Luftschutzsirenen: „Fliegeralarm!"

Ich rannte in den Keller und setzte mich auf eine Bank in der Nähe des Kellerfensters. Dort konnte ich durch einen Spalt zwischen dem Splitterschutzkasten und der Hauswand einen schmalen Streifen vom Himmel sehen.

Bald hatte sich der Luftschutzraum mit den übrigen Hausbewohnern gefüllt. Während ich gespannt nach draußen blickte, erlosch plötzlich das elektrische Licht. Der helle Himmelsstreifen am Kellerfenster wurde schlagartig zur finstersten Nacht. Ich fühlte mich emporgehoben. Dann verlor ich das Bewusstsein. Als ich wieder zu mir kam, lag ich vor dem Luftschutzraum im Kellergang. Staubwolken umwirbelten mich, ich hatte trockenen Mörtel in Mund und Nase. Der Schulranzen fehlte. Jemand hob mich auf und sagte:

„Das war ein Angriff!"

Ich hatte keine Verletzungen. Aber im Keller hingen große Teile der Decke herunter, die Türen waren zertrümmert, der Fußboden lag voller Schutt. Überall Mörtelbrocken, geborstene Fensterrahmen, zersplitterte Scheiben.

Als die Sirenen Entwarnung tönten, gingen wir aus dem Keller hinaus ins Freie zur Gartenseite des Hauses. Die Sonne strahlte wieder und blendete die Augen. Ich drehte mich um und blinzelte die Hausfront hinauf. Mein erster Gedanke war: Wir sind nicht getroffen worden. Aber dann fiel mein Blick nach rechts auf das Nebenhaus – es stand nur noch zur Hälfte. Vom Dachgeschoss zwei Stockwerke tief bis in den Keller war es aufgerissen: Dachsparren, Möbelteile der Zimmereinrichtung, Wasserrohre und Balken hingen wie abgehobelt ins Freie. Das Nachbarhaus auf der Straßenseite gegenüber war gänzlich verschwunden – ein Volltreffer. Er hatte nicht mehr als einen meterhohen Schutthaufen aus Steinen und Holzbalken zurückgelassen."

Im Klassenzimmer war totale Ruhe eingekehrt. Frank und Marie-Luise zappelten nicht mehr unter dem Tisch und die Jungen in der letzten Bank hatten ihr Kartenspiel vergessen. Stanko blickte immer noch auf die hintere Deckenseite des Klassenzimmers, als liefe dort ein Film ab.

„Dann waren die ersten Stimmen zu vernehmen. Männer vom Luftschutz, Frauen und Kinder rannten durcheinander. Auf der Rasenfläche zum Nachbarhaus standen mehrere Leute beisammen und blickten nach unten. Einige trugen auf den Armen etwas herbei, das in Decken eingewickelt war. Beim Nähertreten sah ich, dass aus den Decken Arme und Beine herabbaumelten. Es waren Kinder. Man hatte sie unter den Trümmern des Nachbarhauses herausgezogen.

Meine Mutter holte schnell Liegestühle herbei, damit man die drei Kinder – eines war ungefähr in meinem Alter – nicht auf dem Rasen betten musste. Sie lagen eingesunken, mit blassen und staubigen Gesichtern, offenen Mündern, die Beine unnatürlich verdreht, in langen Strümpfen, die große Löcher aufwiesen, ohne Schuhe. Ihre Mutter stand hinter ihnen, das jüngste Kind auf dem Arm. Sie hielt ein Taschentuch vor dem Mund und weinte in sich hinein. - Alle drei Kinder waren tot".

Jetzt passierte es: Stanko drehte sich von der Klasse weg, schritt, ja lief beinahe zum Fenster und blickte nach draußen. Seine Schultern zuckten und er atmete schwer. Das hatte es noch nie gegeben: dass ein Lehrer anfing, vor der Klasse zu weinen. Wir waren alle wie gelähmt.

Da schrillte die Pausenklingel. Nach einigem Zögern standen alle auf und gingen ohne das übliche Schubsen und Gejohle aus dem Klassenzimmer und in den Schulhof. Stanko war inzwischen zum Pult zurückgekehrt, hatte seine Schultasche gepackt und verließ als letzter den Raum.

Mann, o Mann. Das war vielleicht ein Ding. Old Stanko!

HEIMAT, SÜSSE HEIMAT …

Warum sitze ich wieder hier in dieser kahlen Halle und blicke hoch zur Kuppel? Warum komme ich immer wieder in dieses Land, wo es mir doch nur kalt und unbehaglich ist?

Ich saß ja damals, als ich siebzehn war, schon einmal hier. Wie heute sah ich hoch zur Kuppel, wo zwei Tauben immer von einem Rundbogenfenster zum anderen flogen, weil sie keinen Ausweg finden konnten. Sie hatten sich in diese Kirche verirrt, waren gefangen und eingesperrt. Damals dachte ich: Ja, so geht es mir auch. Ich bin wie eine dieser Tauben, eingesperrt und gefangen, in einer aus-aussichtslosen Lage.

Nach dem Krieg wurden wir wie Unrat einfach auf die Straße gekippt. Meine Mutter und meine kleine Schwester wurden in einen Transport gepfercht und per Bahn über die Grenze abgeschoben. Ich aber musste bleiben. Alle jungen Frauen, vor allem alle Mädchen, die in dem Bund Deutscher Mädels waren, wurden verpflichtet, „Aufräumarbeiten" zu leisten.

In einem Kriegsgefangenenlager, das am Stadtrand lag, war in den letzten Kriegswochen

Typhus ausgebrochen und viele der jungen russischen Soldaten überlebten die Seuche nicht. Ich wurde mit einem anderen Mädchen abkommandiert, die Leichen zu waschen, Tag für Tag, oft bis in die Nacht hinein. Das andere Mädchen jammerte und jammerte. Aber ich sagte zu ihr:

„Da müssen wir durch! Da hilft kein Jammern."

Schließlich sollte das Lager aufgelöst, die Wachen abgezogen und die Baracken abgebrannt werden. Jetzt stand ich da wie das arme Mädchen im Märchen, das nur noch ein Hemd besaß. Allein und verloren. Die Mutter und Schwester irgendwo über der Grenze, der Vater irgendwo im Osten oder vielleicht im Krieg gefallen.

Ja, und da hörte ich an jenem Abend, als ich zum letzten Mal vom Lager nach Hause ging, aus einer Hecke neben dem Gehweg eine Stimme, die flüsterte:

„Wo gehst du hin, Mädchen?"

Ich hätte eigentlich sofort weglaufen müssen, so erschrocken, wie ich war. Aber die Stimme hatte sehr jugendlich geklungen. Vielleicht ein Kind?

Aus der Dunkelheit schälte sich die Gestalt eines Jungen heraus, mit blassem Gesicht und wirren Haaren. Ich fragte:

„Wie alt bist du?"

„Jedenfalls älter als du. Hast du was zu essen?"

„Nein. Woher kommst du?"

„Aus dem Osten. Ich bin von einem Gefangenentransport abgesprungen. Hat keiner gemerkt. Bin abgehauen. Jetzt will ich nach dem Westen.

"Du warst Soldat?"

„Eigentlich nur zwei Monate lang. Aber in Uniform, wie du siehst. Muss jetzt unbedingt über die Grenze. Ich kann nur nachts marschieren. Tagsüber schlafe ich in Heuschobern oder so etwas. Ich darf nicht wieder geschnappt werden."

Der Junge war meine Rettung. Meine einzige Chance, hier heraus zu kommen. Das war mir schlagartig klar:

„Versteck dich wieder. Ich komme zurück und bringe dir was zu essen. Hier an dieser Stelle."

Zu Hause in meiner Kammer bestrich ich zwei Klappbrote mit Kunsthonig und wickelte sie in Zeitungspapier. Dann schlich ich mich in der Dunkelheit wieder zu der verabredeten Stelle.

Er trat sofort aus der Hecke, als ich ankam, und machte sich gleich über die Brote her, die ich ihm gegeben hatte. Ich fragte:

„Kann ich mit dir gehen?"

Er sah mich erstaunt an:

„Und deine Eltern und so?"

„Ich hab' hier keine Eltern mehr. Meine Mutter und meine Schwester sind schon über die Grenze. Ich bin ganz allein zurückgeblieben und muss auch raus. Was soll ich hier?"

Er überlegte eine Weile, dann sagte er:

„Na gut, wenn du meinst?"

Am nächsten Abend stand ich etwas früher am verabredeten Ort bereit, einen Rucksack auf dem Rücken und ein Kleiderbündel unterm Arm.

"Was hast'n du dabei?", fragte er, als er vor mir stand.

„Eine alte Jacke vom Vater und seine Trainingshose. Müsste dir schon passen. Damit du deine Uniformklamotten loswirst."

Ohne Worte schnappte er sich das Bündel, ging hinter die Büsche und kleidete sich um. Als er wieder hervortrat, sah er schon etwas normaler aus. Nur die Ärmel der Jacke musste er hochkrempeln.

Ich hatte im Rucksack einige Brote, die ich mit dem letzten Rest Kunsthonig bestrichen hatte. Dann eine Taschenlampe und eine Straßenkarte meines Vaters, der vor dem Krieg ein Motorrad besessen hatte. Außerdem, in Handtücher eingewickelt, zwei Bierflaschen mit Wasser gefüllt, dann ein Einweckglas, in das ich einige gekochte Kartoffeln gesteckt hatte. Ein Tütchen mit Salz lag auch dabei.

Dann marschierten wir los. Es war ein gefährliches Unternehmen. Wenn man uns erwischt hätte, wäre es uns sicher dreckig gegangen. Wenn wir überhaupt überlebt hätten. Der Weg führte zunächst immer in Sichtweite der Straße und einer Bahnlinie. Aber in sicherem Abstand. Wir mussten jedem Kontakt zu anderen Menschen aus dem Weg gehen, egal wer sie auch waren. Das war sehr schwierig und mit Umwegen verbunden. Immer wenn Häuser auftauchten oder Hunde anschlugen, mussten wir schleunigst auf Entfernung gehen. So lange, bis wir wieder in die Stille der Nacht hinein lauschen konnten.

Gegen Morgen näherten wir uns der Grenze. Es waren mehrere Menschen- gruppen im Niemandsland unterwegs. Man hörte ihre Stimmen oder Rufen und Flüstern. Wir hielten aber auch zu ihnen Abstand und arbeiteten uns durch das dichte Unterholz, bis wir im Morgengrauen vor einer nebligen Wiese standen, auf der eine Kuhherde lagerte. Einige Kühe standen schon und wälzten das frische Gras im Maul. Wir hatten den Westen erreicht.

Und jetzt bin ich wieder hier, in der alten Heimat. Sitze im Spätherbst wieder allein in dieser Wallfahrtskirche und muss mich auf den Weg machen. Es dämmert bereits in dem frostigen Kirchenraum.

Die Grenze kann nicht mehr weit sein, denke ich, als ich das Auto besteige. Ich fahre einen schmalen Hohlweg hinab und muss wegen einer entgegenkommenden Personengruppe langsam fahren. Eine junge Frau zieht einen trockenen Ast hinter sich her, zwei Kinder staunen über das einsame Fahrzeug.

Nach einer Kreuzung gelange ich in eine unwirtliche Gegend. Ich muss wohl die richtige Straße verfehlt haben. Die Nacht fällt plötzlich wie ein nasser Sack auf mein Auto, die Straßen werden immer schmäler, keine Häuser oder Dörfer sind in Sicht. Nur eine diesige, mit einzelnen Schneeflocken vermische Welt vor meinen Autoscheiben. Einmal steige ich an einer Wegkreuzung aus. Die Schilder sind klein, die Aufschriften ergeben für mich keinen Sinn. In der Nähe erkenne ich einen Unterstand für eine Bushaltestelle. Ich begebe mich dorthin, aber die Anzeigetafel ist unleserlich geworden. Dann fahre ich weiter und komme wieder an eine Wegkreuzung. Erneut sehe ich eine Bushaltestelle. Oder ist es die vorherige? Meine Stirn wird heiß. Bin ich im Kreis herumgefahren? Ohne Ausweg?

Jetzt kann ich nur noch auf gut Glück in das immer heftiger werdende Schneetreiben hineinfahren, denke ich.

Warum zieht es mich nur immer wieder in diesen Flecken Erde? Weil ich hier geboren wurde und eine Zeitlang gelebt habe? Kann es das sein? Ich bin doch stets beklemmt und freudlos wieder zurückgefahren.

In der Trübnis tauchen endlich die Konturen eines Bahndammes auf. Dann ein höheres Gebäude. Ein Bahnhof? Ich fahre darauf zu, steige aus und sehe einen Mann, der im Lichtschein der hohen Eingangstür sich mit einem anderen unterhält. Ich gehe auf beide zu und frage:

„Wo geht es hier zur Grenze?" Sie unterbrechen ihr Gespräch und schauen mich nur erstaunt an.

„Grenze? Wo?"

Einer der Männer hebt den Arm und zeigt nach rechts:

„Grenze, dort!"

Ich bedanke mich, steige wieder in das Auto und fahre in die gezeigte Richtung. Tatsächlich wird die Straße breiter und lässt wieder größere Verkehrsschilder erkennen. Der Verkehr nimmt zu. Bald reihen sich Lastwagen an Lastwagen am Straßenrand. Der dichte Verkehr zeigt mir, dass ich mich der Grenze nähere. An der Grenzstation werde ich von einem Beamten mit dem Auto durchgewinkt.

Nie werde ich da wieder hineinfahren! Nie mehr!

Bis es irgendwann wieder zu nagen beginnt: Wie es da drinnen wohl aussehen wird?... In der Heimat.

ONKEL WANJA

Unser Onkel hieß gar nicht Wanja, sondern Rudolf. Er hatte von uns den Namen Wanja bekommen, weil meine Schwester begonnen hatte, alles über Russland zu lesen, was sie in die Finger bekommen konnte: Zeitschriften, Bücher, Romane, Theaterstücke, alles eben, was mit Russland zu tun hatte. Weshalb sie ausgerechnet Wanja gewählt hatte, weiß ich nicht mehr. Es war wohl nur so ein Einfall, der Name gefiel uns jedenfalls und passte gut zu unserem Onkel.

Onkel Wanja wusste viel von Russland, von Land und Leuten. Deshalb war meine Schwester auch darauf aus, ihn öfters zu besuchen.

Er wohnte seit dem Tod unserer Tante in einem Zimmer eines Altenheims, das ganz mit Büchern vollgestopft war. Wenn ihm auch das Gehen schwerfiel, denn er hatte seit langem eine Kriegsverletzung am Bein, so war sein Kopf doch geradezu jugendlich frisch. Und vor allen Dingen – er konnte wunderbar erzählen. Deshalb war unsere erste Bitte, wenn wir bei ihm saßen:

„Onkel Wanja, erzähl uns etwas. Etwas aus Russland!"

„Na, gut", sagte er dann, rückte sich in seinem Opa-Sessel zurecht und legte seinen Fuß auf das gut gepolsterte Schemelchen. Dann blickte er sinnend durch das Fenster nach draußen, als könnte er dort die weite russische Steppe und darüber einen Schwarm Wildgänse fliegen sehen.

„Es war ein herrlicher Sommertag und ich habe die drei Mädchen immer noch vor Augen, wie sie mit ernster, feierlicher Miene dastanden vor dem Eingang eines Blockhauses und uns drei weiße Teller entgegenstreckten.

Das ältere der Mädchen stand in der Mitte und war mit einem tiefblau schimmernden, langen Rock bekleidet, der auch ihre Füße bedeckte. Darüber trug sie eine mit kleinen Blumen gemusterte Bluse und um den Hals eine längere und eine kürzere Bernsteinkette. Im Gegensatz zu ihren Begleiterinnen hatte sie kein Kopftuch umgebunden, sondern trug ihren Kopf frei. Sie hatte ihre dunklen Haare zu einem Zopf gebunden, der in einem roten Band endete und tief zur Seite und nach vorne herabhing.

Die beiden jüngeren Mädchen zu ihrer Seite hatten mit Blumen gemusterte Kopftücher aufgesetzt, deren Schleifenenden breit auf ihre rötlichen Hemdblusen herabfielen. Auch sie waren in weite, rot und dunkelbraun gestreifte

Röcke gehüllt. Die jüngste von ihnen hatte dazu noch eine helle Schürze umgebunden.

Es war ein herrlicher Anblick, wie sie so dastanden, dazu noch, um das Ganze noch feierlicher zu gestalten, auf einem großen Teppich, der auf blauem Grund zahlreiche große hellrote, gelbe und weiße Mohnblumen erstrahlen ließ.

Auf dem Teller der Anführerin lag ein aufgeschnittenes Brot und ein Messer, auf dem Teller rechts daneben eine offene Schale mit Salz, und das Mädchen auf der linken Seite hatte ihren Teller mit Blaubeeren gefüllt.

„Woher weißt du denn das alles so genau, Onkel Wanja?", fragte ich vorwitzig und erntete dafür einen strafenden Blick meiner Schwester.

„Na ja, meine Lieben, es war im August 1914 und ich war mit einem Trupp Ulanen ins russische Grenzgebiet geritten, um das Gelände zu erkunden. Bevor wir von den Pferden stiegen, verging eine ziemlich lange Zeit. Meine Kameraden und ich konnten uns nicht so schnell von diesem wunderschönen Anblick losreißen.

Ja, an diese Begegnung musste ich auch damals denken, als ich so dreißig Jahre später wieder mit den Russen zu tun hatte. Aber diesmal kam ich nicht zu ihnen, in ihr Land, sondern sie kamen zu mir, in mein Land. Und das schien mir nicht so friedlich abzulaufen wie damals.

Im Januar 1945, müsst ihr wissen, waren unsere Truppen fast schon geschlagen. Die Rote Armee hatte die deutschen Verbände an allen Fronten zurückgedrängt und sie waren dabei, in Ostpreußen zum ersten Mal deutsches Land zu betreten. Und ich stand da vor meinem Haus nahe der russischen Grenze und war wohl dazu ausersehen, als einer der ersten die Russen zu empfangen.

Die Nachrichten von ihrem Auftreten waren geradezu schrecklich. Mein alter Knecht Siegmund hatte gehört, dass in unserem nächsten Grenzort Schlimmes passiert war. Ein Trupp Russen sei in die Kirche eingedrungen und hätte den Pfarrer ermordet. Der Messner habe das alles von der Empore aus, wo er sich versteckt hielt, mit ansehen müssen. Der Pfarrer sei vor dem Altartisch gestanden, als die Soldaten in der Kirche erschienen. Er habe den Eindringlingen beide Arme beschwörend entgegengestreckt, als wolle er um Gnade flehen für sich und seine Gemeinde. Aber dessen ungeachtet wären zwei Rotarmisten auf den Pfarrer eingedrungen und hätten ihn mit den Gewehrkolben erschlagen. Anschließend wäre der Tabernakel aufgebrochen und die Messkelche geraubt worden. Schließlich hätten sie noch die Schränke in der Sakristei zertrümmert, die Messgewänder herausgeholt und alles verwüstet.

Das hörte sich sehr schrecklich an. Wie sollte ich nun den Russen gegenübertreten? In einiger Entfernung hatte ich an diesem trüben Wintertag schon ein paar Soldaten vorüberziehen sehen. Sie saßen auf einem Schlitten, der von einem dieser kleinen russischen Pferde gezogen wurde. Hatten sie mich noch nicht wahrgenommen? Oder wollten sie um mein Gehöft herumfahren, um sich von der Seite her heranzuschleichen?

Wie es auch war – für heute lasst es gut sein. Das nächste Mal mehr davon. Wir wollen uns jetzt etwas Erfreulicherem zuwenden. Ihr zwei führt mich jetzt die Treppe hinunter in den Aufenthaltsraum und wir bestellen uns jeder eine Tasse Kaffee oder Tee oder Kakao oder was immer ihr wollt."

„Onkel Wanja, erzähl bitte weiter, jetzt, wo es gerade so spannend ist", rief ich, aber alles Bitten half nichts. Er stand auf und unterbrach seine Erzählung.

Wie es so kommt. Es dauerte etliche Wochen, bis meine Schwester und ich den Onkel Wanja wieder besuchen konnten. Natürlich wollten wir unbedingt wissen, wie er mit den heranrückenden Russen fertig geworden war. Denn eines stand fest: Onkel Wanja war am Leben geblieben. Er kam erst zehn Jahre nach Kriegsschluss durch ein Umsiedlungsprogramm von Polen aus in den Westen.

Ich fasste meine Schwester an der Hand, als wir den Schotterweg durch die Parkanlage zum Eingang des Altenheims einschlugen. Wir waren voller Erwartung und wir malten uns aus, was da passiert sein konnte, als die Russen sich ihm näherten. Ich tanzte um meine Schwester herum und rief:

„Weißt du was, Anna-Lena, der Onkel Wanja stand vor seinem Haus und schwenkte eine riesige weiße Fahne, die er aus einem Bettlaken gemacht hatte".

Meine Schwester blieb stehen und sagte entschieden:

„Nein, du spinnst ja, er stand da, in jeder Hand einen Teller, der eine enthielt Brot und ein Messer, der andere ein Salzfässchen".

Wir wurden uns nicht einig, was wohl wirkungsvoller gewesen wäre. Aber wir waren gespannt, welche Lösung uns der Onkel präsentieren würde.

Onkel Wanja schmunzelte nur, als wir mit ihm ins Gespräch kamen und wir ihm unsere Lösungen vortrugen. Aber er wollte uns, bevor er darauf einging, noch erklären, warum er überhaupt dastand, ganz alleine, und warum er nicht wie viele andere geflohen war, bevor die Russen kamen. Das lag ihm wohl am Herzen.

„Als der Vormarsch der Roten Armee immer bedrohlicher wurde", fing Onkel Wanja an zu erzählen, „begann ich mit einigen Vorbereitungen. Eins war von vorneherein klar: ich wollte und konnte meinen Hof nicht verlassen. Bauern verlassen nicht so einfach Grund und Boden.

Nach dem Tod eurer Tante war ich mit dem alten Siegmund allein auf dem Hof. Aber ich besaß noch zwei Pferde, einige Kühe, daneben auch etliche Schweine und Hühner, denn wir galten als kriegswichtiger Betrieb. Ich konnte mir nicht vorstellen, all das in meinem vorgerückten Alter aufzugeben.

Ja, und stellt euch nur vor, die Vorbereitungen galten allein euch, euren zwei Brüdern und eurer Mutter. Von eurem Vater kamen nur spärliche Feldpostbriefe, denn er war irgendwo an der Westfront. Zu Kriegsbeginn seid ihr alle auf meinen Hof gezogen. Aber es war klar, dass hier der Boden für euch immer gefährlicher wurde. Es hieß zwar, Ostpreußen würde unter allen Umständen von den deutschen Truppen verteidigt und gehalten werden. Aber danach sah es gar nicht aus.

Also ging ich daran, eure Flucht vorzubereiten. Das konnte nur heimlich geschehen, die verbliebenen Nazi-Leute durften davon nichts erfahren. Die Vorbereitungen waren zunächst einmal nicht schwierig, denn auf meinem abgelegenen Hof hatten sie sich früher schon kaum blicken lassen.

Es galt zunächst einmal, einen Wagen herzurichten, zwei Pferde zum Vorspannen hatte ich ja im Stall. Ihn fand ich in einer Scheune eines benachbarten Gehöftes, das schon zu Kriegsbeginn aufgegeben worden war, weil es nicht mehr bewirtschaftet werden konnte. Das Gefährt war ein Pritschenwagen, dessen Seitenteile auf- und abgeschlagen werden konnten. Der Nachbar hatte ihn gerne im Sommer zu kleinen Kutschfahrten in die Umgebung benutzt. Ich besaß auch die Schlüssel zu den Gebäuden und Stallungen, da ich mich bereit erklärt hatte, ab und zu nach dem Rechten zu sehen.

Immer, wenn ich Zeit hatte, machte ich mich an dem Wagen zu schaffen. Zunächst musste ich die zwei Seitenbänke abschrauben, die im Weg waren. Dann ging ich daran, mir zwei halbkreisförmige Metallbögen zu besorgen, damit die Stützen für eine Abdeckhaube entstanden. Die drei Bögen beschaffte mir ein Stellmacher aus einem Nachbardorf, ohne lange nach dem Zweck zu fragen. Wasserdichte Abdeckplanen zu besorgen, war besonders schwierig. Schließlich gelang mir das auch. Ich handelte sie bei Nacht und Nebel gegen ein halbes Schwein bei einem Mann ein, der beim Amt für Wehrmachtsrüstungen beschäftigt war.

Weniger schwierig war es, den Planwagen für eine lange winterliche Fahrt herzurichten. Auf den Boden legte ich dicke Matratzen, die ich aus dem Schlafzimmer des Nachbargehöftes herausholte. Decken und Federbetten hatten wir selbst zur Verfügung, Proviant für ein paar Wochen war allerdings auch zu beschaffen. In großen Marmeladeeimern wurden Schmalz, gekochtes Fleisch und Brot untergebracht. Zuletzt schob ich noch Hafersäcke und Heu in den hinteren Teil des Wagens.

So stand der Wagen eines Tages fix und fertig in der Scheune, bis eure Mutter mit den vier kleinen Kindern sich dem großen Treck nach Westen anschließen musste. Das war nicht so einfach. Denn die Russen hatten sich schon von Südosten gegen Ostpreußen vorgeschoben und waren kurz davor, das ganze Gebiet gegen die Ostsee hin einzuschließen. So blieb für den Flüchtlingsstrom, der jetzt mit Urgewalt losbrach und den jetzt keiner mehr aufhalten konnte und wollte, als einziger Ausweg die nordwestliche Richtung übrig, das heißt, wer entkommen wollte, der musste über das zugefrorene Frische Haff an die von den Russen noch nicht besetzte Ostseeküste gelangen.

Bevor es losging, vergruben wir schnell noch das gute Silberbesteck aus Großmutters Aussteuer, in Wachspapier eingewickelt, hinter dem Hühnerstall. Dort liegt es wohl heute noch unter der Erde. Unglaublich, welche Vorstellungen und Hoffnungen man damals hatte. Als brauchte man nur wiederkommen, die Bestecke ausgraben und alles wäre so wie vorher.

Zunächst einmal war es schon sehr schwierig, mit dem Planwagen in den dicht auf dicht dahinströmenden Zug von Wehrmachtsfahrzeugen und Flüchtlingswagen hineinzukommen. Drei Soldaten auf einem Motorrad mit Beiwagen war es zu verdanken, dass das gelang. Sie stellten sich mit ihrer Maschine dem Strom der Flüchtlinge entschlossen quer in den Weg und winkten den Wagen eurer Mutter in die Kolonne hinein.

Das war vorerst das letzte Mal, dass ich euch als kleine, mickrige Kinder mit eurer Mutter gesehen habe. Glaubt mir, das war ganz schlimm. Wie es mit euch weiterging, all die Not und die Gefahren der Flucht, davon habt ihr ja genug von der Mutter gehört. Ich bin jetzt müde vom Erzählen und gleich wird das Abendessen gebracht. Ich verspreche euch: Das nächste Mal erzähle ich weiter, die Begegnung mit den Russen ganz ausführlich. Ich verspreche es euch."

Aber das nächste Mal wurde weit hinausgeschoben. Meine Schwester hatte nicht mehr viel Zeit, denn sie musste sich um ihren Schulabschluss kümmern. Oder es waren bei den nächsten Besuchen die Mutter und die Brüder dabei und wir sprachen nur über Belangloses. So verging die Zeit und Onkel Wanja blieb meiner Schwester und mir immer noch etwas schuldig.

Und dann ging alles recht schnell. Unser Onkel kam für eine Woche ins Krankenhaus, kehrte scheinbar erholt wieder zurück ins Altenheim, starb aber schon nach wenigen Tagen.

So kam es denn, dass meine Schwester und ich nie erfuhren, wie Onkel Wanja mit den Russen fertig geworden war.

Manchmal träume ich noch heute davon, wie Onkel Wanja gemütlich in seinem Opa-Stuhl sitzt, vor sich hin sinnt und anhebt zu erzählen. Wie die Russen vor ihm stehen, ganz plötzlich, in dicke Pelze gehüllt und die Gewehre im Anschlag.

Ein anderes Mal wieder erscheinen sie ganz zögerlich, nach und nach aus dem Schatten eines dichten Waldes heraustretend. Undeutlich, aber mit gelblich leuchtenden Augen.

Aber dann verdunkeln sich die Bilder und verschwinden. Ich wache erschreckt auf und taste nach der Hand meiner Schwester, die schon lange nicht mehr bei mir weilt.

MEIN ENDSIEG

Als ich in den Krieg zog, war ich gerade vierzehn Jahre alt. Mein jüngerer Bruder, der zwölf Jahre alt war, wollte unbedingt auch mit. Er wurde aber nicht genommen.

Ich heiße Horst Weggemann, mein Bruder heißt Benno. Horst hieß im Krieg fast jeder Junge. Das kam von irgendeiner Parteigröße. Adolf hießen dagegen nur wenige Jungen. Warum das so war, weiß ich nicht. Ich hätte lieber Adolf geheißen. Benno als Name war gar nichts, hatte überhaupt kein Vorbild. Trotzdem hätte ich lieber Benno als Horst geheißen. Aber das sagte ich meinem Bruder niemals. Weggemann war nun ganz bescheuert. Das klang so nach Brötchen. Man kann schon unter seinem Namen leiden. Ein ganzes Leben lang.

O Mann!

Da hatte ich den ganzen Krieg über davon geträumt, dass ich irgendwie mitmischen könnte, bevor es vorbei war. Und als dann der Einsatzbefehl kam, war es doch überraschend für mich.

Ein Opel-Blitz kam in den Hof gefahren, bremste und hinterließ eine Staubwolke. Dem Führerhaus entstieg ein Luftwaffensoldat im

Range eines Unteroffiziers und der Volkssturmmann Willy aus dem Nachbardorf. Willy hatte eine graue Infanterieuniform an ohne Rangabzeichen, eine Landsermütze auf dem Kopf und – wie immer – eine kurze Pfeife im Mund. Er war mindestens siebzig Jahre alt und wenn er seine Pfeife aus dem Mund nahm und sprach, hatte er Probleme mit dem Gebiss. Es war anscheinend eine Nummer zu groß und wollte immer aus dem Mund rutschen. Aber im Krieg war man schon froh, wenn man überhaupt etwas zum Beißen hatte, pflegte meine Mutter zu sagen.

Ich und Benno standen mitten im Hof, als der Kleinlaster angebraust kam. Die Soldaten öffneten die Ladeklappe und luden etwas Sperriges ab. Es war ein schweres MG, auf einem Dreifuß aus Eisen montiert. Wir waren baff!

Dann gingen die Soldaten mit uns ins Haus und in der Stube wurde ich eingekleidet. Ich bekam einen grau-grünen Uniformrock, der viel zu groß für mich war. Er hing wie ein Sack an mir herunter. Die Hose, die sie mir anzupassen versuchten, war ebenfalls viel zu lang und zu weit. Mithilfe eines Hosenträgers wurde sie unter meinen Achselhöhlen festgezurrt. Sogar Knobelbecher hatten die beiden für mich mitgebracht. Die waren natürlich auch zu groß.

Ich musste drei Paar Wollsocken übereinander anziehen, bis ich einigermaßen darin gehen konnte. Selbst einen Stahlhelm hatten sie für mich aufgetrieben. Er hing so tief über meinen Augen, dass ich ihn immer energisch mit der Hand nach hinten ins Genick tippen musste, wenn ich unter ihm hervorblicken wollte. Benno wurde nicht eingekleidet.

Meine Mutter stand in der Stube, hielt ihr Taschentuch vor Mund und Nase und quengelte: „O je. o je, was soll das noch gegeben?"

So wurde ich zum Volkssturmmann und sollte mich im Endsieg bewähren.

Dann gingen wir wieder hinaus in den Hof und das schwere MG wurde in Stellung gebracht. Es wurde am Rande des Hofes aufgestellt, dort, wo man eine gute Sicht hinab in den Talgrund hatte.

Nun folgte die Lagebesprechung. Bevor ich aber über das MG hinweg in den Grund blicken konnte, war es notwendig, dass ich einen Untersatz bekam. Mein Kamerad Willy organisierte einen hölzernen Bierkasten, der umgestülpt wurde, damit ich darauf stehen konnte. Willy organisierte immer etwas. Er organisierte dies und das. Ich glaube, er organisierte sogar die Streichhölzer aus seiner Hosentasche, um seine Pfeife in Brand stecken zu können. Willy war schon im ersten Weltkrieg gewesen, weshalb er beim Gehen ein Bein etwas nachzog.

Nun gut, also die Lage war wie folgt: Wir sehen im Talgrund einen Tannenwald, der sich steil den Berg hinauf erstreckt. Aus dem Tannenwald heraus führt ein Hohlweg, aus dem wahrscheinlich der Feind heraustreten wird. Rechts des Hohlweges befindet sich ein sumpfiges Wiesengelände, das von einem Bach durchflossen wird. Dieser wird in der Mitte des Sichtfeldes von einer kleinen Steinbrücke überspannt. Einen Daumensprung links davon erkennt man eine Sandkuhle. Dort mündet der Bach in einen Tümpel. Er befindet sich ganz links im Blickfeld und wird zur Hälfte von einer Scheune und einem Holzschuppen verdeckt.

Der Fahrer des Opel-Blitz stieg wieder in seinen Wagen und brauste davon, ins Rückzugsgebiet. Willy, der Volkssturmmann, blieb zurück, ich stand oben auf der Bierkiste, Benno unten daneben und grinste. Ich hätte gerne einmal abgedrückt und eine Probesalve hinab ins Tal abgegeben, aber Willy rief sofort:

„Komm bloß nicht an den Abzugshahn! Das ist Vergeudung von Munition und wir haben nur einen Gurt."

So stand ich denn nur so herum, blickte finster entschlossen ins Tal und ging meinen Gedanken nach.

Den ganzen Morgen schon war es seltsam still gewesen. Ganz ungewohnt. Die letzten Tage hatte man sich wegen der Tiefflieger kaum ins Freie gewagt. Die kamen angebraust und schossen auf alles, was sich bewegte. Egal, wo man sich gerade befand. Da gab es nur eins: hinschmeißen –Toter Mann spielen. Das heißt: Kopf ins Gras oder in den Sand und nicht bewegen! Egal, wo man sich gerade befand.

Vorgestern war ein Jabo plötzlich über dem Dach der Scheune aufgetaucht und hatte in den Hof geballert, wo aber nur die Hühner herumgegackert hatten. Aber der Flieger hatte dabei das Bienenhaus getroffen. Wir mussten schnell Türen und Fenster schließen, denn die Bienen schossen sofort wie kleine Kugelblitze durch die Luft, als wollten sie anfangen, zu schwärmen. Es dauerte fast eine Stunde, bis sie sich wieder beruhigt hatten.

Es tat sich nichts im Tal und Willy, der inzwischen in der Stube gewesen war und wahrscheinlich von der Bäuerin etwas zu futtern bekommen hatte, kam aus dem Haus und löste mich ab. Er trat ans MG und beobachtete, während ich mich einfach auf den staubigen Hofboden setzte und wartete. Benno, dem der Krieg schon längst langweilig ge geworden war, hatte sich irgendwohin verzogen.

Wir waren etwa vor einem Jahr, aus Schlesien kommend, hierher verschlagen worden, ich, Benno und meine Mutter. Mein Vater war ebenfalls im Krieg. Seine letzte Feldpostkarte war aus Reims in Frankreich gekommen. Ich kannte ihn fast nur von dem Hochzeitsfoto her, das meine Mutter in ihrem Köfferchen aufbewahrte. Es zeigte einen ziemlich jungen Mann, der die Haare straff nach hinten gekämmt hatte. Er hielt meine Mutter im Arm und blickte durch seine runden Brillengläser recht verwundert in die Kamera. Am Ärmel der Uniformjacke konnte ich zwei Winkel erkennen. Die Obergefreiten waren ja das Rückgrat der Armee. Falls im Talgrund deutsche Soldaten auftauchen sollten, werde ich aufpassen, ob nicht mein Vater darunter ist. Ich stand jetzt auch an der Westfront. Ich würde ihm zur Deckung mit dem MG Feuerschutz geben.

Wir wohnten im Obergeschoss des Bauernhauses in zwei kleinen Zimmern. Waren aber meistens in der großen Stube im Erdgeschoss anzutreffen, wo auch der Küchenherd stand. Der Mann der Bäuerin war ebenfalls im Krieg, er stand an der Ostfront. Die Bäuerin bewirtschaftete den Hof und meine Mutter half ihr dabei. Für die grobe Arbeit gab es zwei polnische Kriegsgefangene. Der eine hieß Marek, den Namen des anderen habe ich vergessen. Er war fast nie zu sehen, verdünnisierte sich immer. Aber mit Marek war ich oft zusammen. Er konnte tolle Sachen aus Holz schnitzen: Löffel, Heugabeln, Pferdchen, Wanderstecken aus Haselnussstämmchen, wobei er wunderschöne Muster in die Rinde kerbte. Natürlich durfte er kein Messer besitzen. Aber ich lieh ihm mein Taschenmesser. Ich hatte noch einen besonderen Schatz, einen Hitlerjungen-Dolch nämlich. Er besaß an der Klinge eine Eingravierung „Blut und Ehre" und eine Blutrinne. Er stammte von meinem älteren Bruder Rudi. Der war achtzehnjährig im Polenfeldzug gefallen. Den Schatz zeigte ich niemandem, dem Benno schon gar nicht.

Ich löste dann Willy am MG ab, worauf sich dieser wieder in die Stube verzog. Ich sollte ihm aber jegliche Feindbewegung sofort melden. Lange Zeit passierte nichts, bis sich plötzlich etwas oberhalb der Sandkuhle bebewegte. Der Wald ließ dort eine steile, sandige Abrisskante erkennen, die hinab zu dem Tümpel führte. Ein Mann und eine Frau traten dort hinter den dunklen Stämmen des Tannenwaldes hervor. Der Mann ließ sich ohne

Umstände auf dem Hosenboden die kurze, steile Wand hinab zum Ufer des Wassers gleiten. Die Frau machte es ihm alsbald nach, wobei sie aber beide Hände fest auf die Oberschenkel drückte, als sie sich hinabließ. Aber das nützte nicht viel. Der Rock schob sich sofort nach oben, zwei hellbraun bestrumpfte Beine wurden sichtbar, ein beigefarbener Unterrock bauschte sich und zwei Strapsbänder über nackten Oberschenkeln leuchteten auf. Das sah lustig aus. Und aufregend dazu.

Der Mann legte Rucksack und Jacke ab, streifte die Schuhe von den Füßen und sprang ohne weiteres in den Tümpel. Es war schon recht warm geworden, ein schöner Frühlingstag war über der Erde aufgegangen. Die Frau klopfte sich den Sand ab, ordnete wieder ihre Kleidung, nahm Rucksack, Jacke und Schuhe des Mannes auf und verschwand hinter dem Dach der Scheune aus meinem Blickfeld.

Ich fand es überflüssig diesen Vorfall Willy zu melden. Aber wenig später kam Willy ganz alleine aus seiner guten Stube gerannt. Ein Kübelwagen fuhr nämlich in den Hof und zog eine Staubwolke hinter sich her. In dem offenen Wagen saßen fünf Landser in Tarnanzügen. Der Beifahrer hatte eine Maschinenpistole umhängen. Er sprang aus dem Wagen und kam direkt auf mich zu. Ich salutierte und wollte meine schon vorher überlegte Meldung machen: „Volkssturmmann Weggemann meldet keine besonderen Vorkommnisse." Bevor ich diese Worte herausstoßen konnte, bemerkte ich gerade noch, dass „Volkssturmmann – Weggemann" eine Wortwiederholung enthielt und das würde meine Lehrerin ganz dick rot unterstrichen haben. - Ich brachte kein Wort heraus.

Der Landser stand recht wackelig auf seinen Beinen, roch sehr stark nach Wirtshaus, sah mich belustigt an und fragte:

„Also, Jungelchen, sag, hat sich hier etwas getan? War der Ami schon da?"

„Nein, keine Feindbewegung! Nichts zu sehen", rief ich jetzt kurz entschlossen. Der Volkssturmmann Willy, der herangetreten war, bestätigte es. Der Soldat drehte sich um, wankte zum Kübelwagen, saß auf und schwuppdiwupp war der Aufmarsch schon wieder in einer Staubwolke verschwunden.

Der Nachmittag brachte noch eine Überraschung. Ohne dass ich im Vorfeld eine Wahrnehmung machen konnte, stand plötzlich ein Trupp Soldaten neben der Scheune und diskutierte heftig. Er musste sich außerhalb meines Blickfeldes von links her der Scheune zu Fuß genähert haben. Die meisten Soldaten trugen graue Infanterieuniformen, manche noch ihre Wintermäntel. Einer von ihnen hatte ein Schiffchen auf dem Kopf und war mit der schwarzen Uniform der Panzertruppe gekleidet. Außerdem trug er einen Pistolenhalfter am Gürtel. Am heftigsten schrie und gestikulierte einer, der die gelbliche Bluse eines HJ-Fritzen trug. Er rief in einem fort:

„Das ist alles requiriert! Alles requiriert!"

Irgendwie mussten die Männer Wind davon bekommen haben, dass in dem Felsenkeller neben der Scheune Bier gelagert war. Die Wirtin im Dorf benutzte den Keller als Lagerraum für Flaschenbier. Die Soldaten waren dabei, Bierkästen unter dem Geschrei des HJ-Fritzen heraus zu hieven, bis endlich der Panzersoldat den Stiefel auf einen Bierkasten setzte und laut befahl:

„Schluss jetzt! Es ist genug für alle da. Wir müssen weiter."

Die Männer stopften sich so viel Flaschen in die Taschen, wie sie nur tragen konnten. Darauf verschwanden sie wieder hinter der Scheune.

Dann ereignete sich bis zum Einbruch der Dunkelheit nichts Bemerkenswertes mehr. Es rumorte zwar wie Wetterleuchten in der Ferne, Flugzeuge konnten aber nur fernab am Himmel ausgemacht werden. Die Front schien eine Ruhepause eingelegt zu haben.

Meine Mutter kam auf den Hof und meinte, ich könnte mich ruhig für ein Stündchen aufs Ohr legen. Willy würde mich schon rechtzeitig zur Nachtwache wecken.

Ich durfte mich gleich neben der Küche im Schlafzimmer der Bäuerin niederlegen. Davor konnte ich noch durchsetzen, dass die Tür angelehnt blieb, bevor ich mich in Uniform, aber ohne Stahlhelm und Stiefel, in das weiche Federbett niederließ. Benno schlief schon fest auf der anderen Seite des Doppelbettes.

Als meine Mutter mich wachgerüttelt hatte, war schon heller Tag.

„Du kannst jetzt aufstehen, Horst. Der Krieg ist aus. Die Amis waren schon da."

Ich fuhr empor und sah meine Mutter vor dem Bett stehen. Neben ihr stand Benno im Nachthemd und grinste. Mein Stahlhelm, der neben mir auf dem Nachtkästchen gelegen hatte, war weg. Meine Stiefel fand ich auch nicht mehr. Auf Socken eilte ich durch die Küche auf den Hof.

O Mann, eh! Von dem MG und dem Eisengestell keine Spur. Entweder hatten die Amis das Gerät mitgenommen oder die Bäuerin hatte es in die Jauchegrube versenkt. Vielleicht gemeinsam mit Willy. Der hatte sich an- scheinend verdünnisiert. Marek und sein polnischer Kumpel waren wohl auch getürmt.

Und ich hatte den ganzen Angriff total verpennt
– obwohl ich doch völlig einsatzbereit war.

Mann, o Mann!

DIE WEIHNACHTSPYRAMIDE

Na, die ist aber mit der Zeit ganz schön in den Himmel geschossen. Sind mindestens acht bis zehn Meter hoch.

Der Mann mit der Aktentasche unter dem Arm, eine schwarze Wollmütze auf dem Kopf, in einen warmen Mantel gehüllt und einen dicken rot-blauen Schal um den Hals gewunden, stand staunend da. In seiner Kindheit war eine Weihnachtspyramide höchstens sechzig oder achtzig Zentimeter hoch gewesen; aber sie war für ihn immer das unvergleichlich Schönste am Weihnachtsfest, viel schöner und eindrucksvoller als der Weihnachtsbaum im Wohnzimmer mit all seinem Glitzern und Funkeln. Am liebsten hatte er es, wenn die Mutter in der fast dunklen Küche die kleinen roten Kerzen anzündete und sich der doppelte Kranz mit den in Holz geschnitzten Figuren sacht zu drehen begann. Das war für ihn Weihnachten. Unvergleichlich schön und stimmungsvoll.

Diese Pyramide vor ihm war vor allem durch ihre Größe beeindruckend. In der Mitte drehten sich unter einer Glühbirnengirlande etwa anderthalb Meter hohe Figuren: Maria mit dem Kinde, Joseph mit einem Wanderstab, die drei

Könige aus dem Morgenland mit reichen Gaben in den Händen. Darunter umkreisten kleinere Engel in weiten Gewändern die Drehachse, Palmwedel schwingend. Die flachen Flügelblätter hoch oben waren allerdings nur Dekoration. Die schwach leuchtenden blaugrünen Elektrokerzen darunter gaben ihnen nicht genug Wärme ab, um die Pyramide zum Drehen zu bringen. Das musste schon ein Elektromotor besorgen.

Aber immerhin – das alles funktionierte angemessen, war eindrucksvoll und für viele Leute auch anziehend. Zudem wurde im Untergeschoss der Pyramide Glühwein ausgeschenkt. Rings um den zentralen Ausschank waren für die durstigen und frierenden Besucher des Weihnachtsmarktes kreisrunde Tischchen auf einer hölzernen Bodenplatte verankert.

Dorthin zog es auch den dick vermummten Weihnachtsmarktbesucher häufig nach Büroschluss. Er klemmte die kleine Aktenmappe unter den Arm und besorgte sich im Ausschank einen Glühwein und eine Pfandmarke. Dann ging er zu einem der runden Tischchen in dem von zahlreichen Glühlampen erhellten Gastraum.

Es war noch früh am Abend und der Weihnachtsmarkt begann sich erst langsam mit

Menschen zu füllen. Die weihnachtliche Stimmung war erst noch im Kommen, wurde durch die bunt erleuchteten Verkaufsbuden, dem Duft von gebrannten Mandeln und Zuckerwaren und laut tönenden Adventsliedern aber schon angeheizt. Es nieselte nasskalt von einem aschgrauen Himmel herab und die Temperatur lag bei null Grad. Der Glühwein musste noch das Übrige tun.

In dem Gastraum hatten sich nur vereinzelt Menschen an den Tischen verteilt, wärmten ihre klammen Hände an den heißen Tassen und schlürften vorsichtig das heiße Getränk.

Nebenan waren zwei Frauen, begleitet von einem Hündchen, an einen Tisch getreten. Das winzige Tier trippelte verfroren auf seinen Pfoten, so dass die ältere der beiden Frauen es hochhob und vor ihrer Brust in den oben aufgeknöpften Mantel steckte. Dort schaute es nun keck und aufgeweckt dem Treiben um sich zu. Die junge Frau hatte neben ihre Glühweintasse einen Pappteller mit kleingeschnittenen Fleischbrocken in einer bräunlichen Sauce gestellt. Sie verteilte nacheinander mit einem Holzspießchen die Brocken an die ältere Frau und das Hündchen, so wie eine Vogelmutter ihre Jungen im Nest versorgt. Mitunter fiel auch ein Stückchen für sie ab. Die Ältere kaute vollmundig und mit zufriedener Miene.

Der Hund schnappte sich die Bissen blitzartig ohne zu kauen.

Der Beobachter vom Nachbartisch hatte auch einmal einen Hund besessen. Die Erinnerung daran stimmte ihn traurig.

Es war an Weihnachten in dem Jahr gewesen, in welchem sein älterer Bruder gestorben war. Schon am Tag vor Heilig Abend war der Hund angekommen. Ein schwarzer, mittelgroßer Pudel stand da im Wohnzimmer und wedelte mit seinem Schwanzstummel. Anscheinend sollte er ihn vom Tod des Bruders ablenken und erwies sich auch als ein braver, lieber Kerl. Aber den Bruder konnte er nicht ersetzen. Schon gar nicht in den Augen der Eltern. Der ältere Bruder stand als Schatten hinter allem, was der jüngere tat. Er war auch ganz anders. Er war weniger in sich verschlossen, war der Sunnyboy nicht nur der Eltern, sondern der ganzen Verwandtschaft gewesen. Selbst wenn der jüngere Bruder mit der Spielzeugeisenbahn des Bruders unterm Weihnachtsbaum spielte, sahen die Eltern den größeren Bruder immer neben ihm, dem jüngeren, sitzen.

„Dein Bruder hat die Signale immer so gestellt. Oder auch so."

Nicht, dass seine Eltern sich um ihn nicht gekummert hatten. Im Gegenteil. Besonders seine Gesundheit stand im Mittelpunkt ihres Bemühens. Der kleinste Anhauch einer Krankheit wurde aufmerksam beobachtet und sorgfältig behandelt. Arztbesuche wurden zur ständigen Gewohnheit für ihn.

So lag über seinen Jugendjahren ein dumpfer Missklang, der nur allmählich verstummte, eigentlich bis heute nachhallte.

Die Frauen verließen bald ihren Tisch und ihr durch die Erinnerung missgestimmter Nachbar holte sich erneut einen Glühwein. Als er an den Tisch zurückkehrte, bemerkte er, dass sich ein junges Pärchen dazu gesellt hatte. Sie schaute mit dunklen Augen unter einer tiefblauen Pelzkappe hervor und lauschte den Worten ihres Begleiters. Dieser hatte sich nahezu ihr hinabgebeugt und sagte leise, dass es der hinzugetretene Nachbar mit der Tasse in der Hand gerade noch hören konnte:

„Wenn wir zuhause sind, kannst du was erleben!"

Die Augen des Mädchens leuchteten auf, dann flüsterte sie etwas Unhörbares in sein Ohr, worauf er von einem unterdrückten Lachanfall geschüttelt wurde und mit dem Fuß aufstampfte. Das Mädchen nippte am Glühwein, verzog keine Miene, als wäre es das Selbstverständlichste von der Welt gewesen, was sie gesagt hatte. So ging es hin und her: Er sagte etwas Unverschämtes, wovon der daneben Stehende höchstens Wortfetzen verstand, sie antwortete mit ernster Miene oder reagierte ebenfalls mit einem unterdrückten Lachen. Manchmal änderten sie ihre Redeposition: Sie schüttelte sich vor Lachen und er blieb ernst. Der Nachbar konnte nur vereinzelte Wörter verstehen wie „Knackarsch" oder „geile Titten-tussi". Als sie den Tisch verließen, grinsten sie über beide Ohren.

Eine junge Liebe beginnt, und die meine endet, dachte der Mann.

Wann mochte sein Ende begonnen haben? Er blickte sinnend hinauf zur Girlande mit den bunten Glühbirnen.

Die Beziehung zu seiner Frau war zunehmend wortloser geworden. Bewusst wurde ihm das während einer Autofahrt nach Wien. Auf der ganzen Fahrstrecke zwischen München und Wien war zwischen ihm und ihr kein einziges Wort gefallen. Hatten sie sich nichts mehr zu sagen? Hatten sie ausgeredet?

Etwas fehlte in ihrem gemeinsamen Leben. Vielleicht hätten Kinder den immer breiter gähnenden Spalt zwischen ihnen ausfüllen können. Sie hatten alles versucht. Seine Spermien wurden auf Beweglichkeit untersucht. Aber daran konnte es nicht liegen. Sie hatten allerlei Ärzte und Heilpraktiker aufgesucht.

Ständig war das Thermometer dabei, wenn sie gemeinsam ins Bett gingen. Es hatte nichts bewirkt.

Plötzlich hatte er einen irrwitzigen Gedanken: Wenn doch nur so ein Engel aus der Pyramide heruntersteigen, mit dem Palmwedel auf den Tisch schlagen könnte und sagte:

„Schluss jetzt, ihr beiden! Ihr redet wieder wie früher. Alles andere ist vergessen."

Ein Lächeln trat in sein Gesicht, als er sein leeres Glas ergriff, um es nachfüllen zu lassen.

Nachdem er mit einem vollen Glas Glühwein zurückgekehrt war, trat ein junges Mädchen heran, stellte ihre Tasse auf das Tischchen und sah dem Mann ganz unbefangen ins Gesicht. Hellbraune, schulterlange Löckchen umrahmten allüberall ein keckes, rotbackiges Gesicht, in dem zwei hellblaue Augen wie mit einem heimlichen Blinken strahlten. Sie sagte:

„Vor drei Wochen hat mich mein Freund verlassen."

Der Mann entgegnete verblüfft:

„Oh, das ist aber schlimm."

„Ja, das stimmt. Aber verlassen hat er mich eigentlich nicht. Er ist abgeschoben worden. Wissen Sie, zurück nach Afrika, nach Burkina Faso. Kennen Sie das?"

„Gehört habe ich das schon einmal."

„Es liegt in Westafrika. Ich habe es nachgeschaut im Atlas".

„Aha."

„Er konnte nicht einmal eine Adresse hinterlassen. Er hat dort keine Angehörigen mehr. Er ist in einem Waisenhaus aufgewachsen. Da ist er aber schon mit vierzehn ausgerissen. Dann war er Helfer in einer Schleuserbande.

Die haben Menschen nach Europa geschmuggelt, wissen Sie. Dadurch ist er auch nach Deutschland gekommen. Wir haben uns bei der Emigrantenhilfe kennen gelernt. Dort arbeite ich nämlich."

Der Mann wärmte sich jetzt erneut die Finger an seiner Glühweintasse und wusste nicht, was er sagen sollte. Das Mädchen sah ihn unverwandt, fast lächelnd an, so als müsste noch etwas folgen. Dann sagte sie:

„Und jetzt bin ich schon drei Wochen überfällig."

Der Mann sah sie verständnislos an.

„Na, ich glaube, dass ich schwanger bin."

„O Gott, das ist entsetzlich!", entfuhr es ihm.

„Nein. Gar nicht. Ich bin richtig froh, wenn es so sein wird. Stellen Sie sich einmal vor: Viele Frauen sehnen sich heutzutage nach einem Kind. Es gibt Familien, die wollen unbedingt ein schwarzes Baby adoptieren. Und es dauert oft ewig, all der Behördenkram und so weiter. Und ich brauch das Baby nur zur Welt bringen. Ist das nicht toll?"

Der Mann zuckte etwas mit den Schultern und versuchte ein Lächeln aufzusetzen.

„Glauben Sie mir: Das wäre ganz toll. Ich freue mich so darauf."

Sie nippte noch einmal kräftig an ihrer Tasse und sagte:

„So, jetzt muss ich weiter. Ich will Babysachen anschauen. Wünschen sie mir viel Glück!"

„Ja, das tu ich. Viel Glück!"

Sie drehte sich noch einmal mit einem feinen Lächeln zu ihm um und ihre Augen strahlten. Wie vom Boden abgehoben verschwand sie in der Menge.

Der Weihnachtsmarkt hatte sich inzwischen gefüllt. Es herrschte Gedränge am Glühweinstand, aber auch auf den engen Wegen zwischen den Verkaufsbuden. Als der Mann seine Tasse zurückgebracht und das Pfandgeld kassiert hatte, trat er hinaus ins Freie. Da bemerkte er, dass der Sprühregen sich in Schnee verwandelt hatte. Feine Flocken fielen vom Himmel.

Er schritt aus der Menschenmenge heraus der Bushaltestelle entgegen. Da spürte er, dass ein wohliges Gefühl bei ihm angekommen war: Weihnachten. Er ging wie auf Watte und bemerkte, wie die Wärme in seine Wangen stieg.

Vor ihm ging im Schneegestöber leicht wankend ein großer Mann mit einer turbanartigen Kopfbedeckung. Er hatte sich eine Aldi-Plastiktüte mit eingerolltem Wulst als Kopfbedeckung gegen den Schneefall aufgesetzt. Als der Bus hielt und er eingestiegen war, sang der Mann mit dem Plastikturban mit kräftiger Stimme:

Vom Himmel hoch, da komm ich her.

Ich bring euch gute, neue Mär.

Der guten Mär bring ich so viel,

Davon ich sing´n und sagen will.

Euch ist ein Kindlein heut geborn…

Den letzten Satz hörte der Mann im Bus nur noch undeutlich, da sich die automatische Tür gerade geschlossen hatte.

DIREKTOR WIEDENER SCHAFFT ZEIT

Nachdem der Junge den Vorraum der Bank betreten hatte, stand er vor einer grünlichen Wasserwand. In breiter Front floss das Wasser fingerdick unaufhörlich von der Decke in eine Rinne am Boden. Wozu braucht die Bank so viel Wasser? dachte er.

Dann stieg er einige Treppen hoch und gelangte in den Verkaufsraum. Dort reihten sich Schalter an Schalter, die durch verschiedene Buchstaben und Ziffern gekennzeichnet waren. Die Menschen davor reichten Zettel oder Geld über die Barriere, dort wurde beides von korrekt gekleideten Angestellten geprüft, weiterbearbeitet, in Maschinen gesteckt, durchlaufen gelassen und manchmal zurückgegeben. An einem Schalter, der gerade unbesetzt war, sagte der Junge zu einem Mann, der einen dunklen Anzug und eine blau-weiß gestreifte Krawatte trug:

„Ich möchte zu Herrn Wiedener, Direktor Wiedener."

Der Angesprochene schien einen Moment ratlos, dann sagte er:

„Herr Direktor Wiedener? Da gehen Sie am besten zunächst zum Informationsstand da vorne in der Mitte. Da wird man dir, also Ihnen, schon weiterhelfen."

„Danke."

An der Informationsstelle hantierte gerade eine junge Dame mit hochgesteckten, blonden Haaren und knallroten Lippen mit einem Telefonhörer und einem Notizblock und sagte:

„Einen Moment, bitte".

Nach einiger Zeit blickte sie auf, legte beides weg und starrte auf den Jungen: Was der wohl wollte? Der war vielleicht vierzehn, fünfzehn Jahre alt, hatte helle Augen unter einem dichten Haarschopf, offenes Hemd und die Hände in den Hosentaschen.

„Ich möchte zu Herrn Wiedener."

Die Dame war verblüfft.

„Zu wem möchtest du?"

„Zu Herrn Direktor Wiedener", beharrte der Junge. Die Dame brauchte jetzt noch etwas mehr Zeit, bevor sie eine Antwort fand. Jugendliche in diesem Alter kamen meist zu mehreren und wollten etwas Geld für irgendeinen schulischen Zweck: ein Schulprojekt, eine Anzeige in einer Schülerzeitung oder Ähnliches. Der da aber ist allein, dachte sie, und will direkt zum Chef. Einfach wegschicken kann man ihn aber auch nicht. Dafür ist er zu alt. Er macht vielleicht noch Ärger. Daher blieb sie förmlich:

„In welcher Angelegenheit, wenn ich bitten darf? Sind Sie angemeldet?"

„Ich bin nicht angemeldet. Aber Herr Wiedener hat Zeit für mich. Ich weiß es. Es ist etwas Persönliches, Privates."

„Na gut, dann gehen Sie hier die Treppe hoch, dann den Gang nach rechts bis zu dem Zimmer, an dem Anmeldung steht."

Der Junge stieg die Treppe hoch, ging nach rechts und stand bald vor der Tür, auf der fein säuberlich und in Goldbuchstaben "Anmeldung" stand. Er klopfte an und nach einem „Herein!" öffnete er die Tür und trat ein. Hinter einem Schreibtisch, auf dem eine Vase mit gelben Rosen stand, saß eine schon etwas ältere Frau in einem dunklen Kostüm und blickte ihn fragend an. Er wiederholte das, was er schon am Informationsstand gesagt hatte, und bewirkte bei der Vorzimmerdame eine längere Pause. Erst einmal war sie ungehalten darüber, dass „die da unten" ihr wieder etwas zuschoben, was sie nicht selbst entscheiden wollten. Dann war da das Problem, ob der Junge wirklich etwas Persönliches und Privates bei ihrem Chef im Sinn hatte. Vielleicht war es schon abgesprochen? Vielleicht ein Verwandter, ein Neffe oder etwas Ähnliches? Sie seufzte auf und griff zum Telefonhörer. Daraufhin hörte der Junge einige Wortfetzen wie "ganz Persönliches und Privates", „vierzehn oder fünfzehn", „ganz ordentlich". Dann legte die Dame wieder auf, dachte dabei „Ob das nicht hinterher einen Anschiss gibt?", seufzte abermals und sagte, auf eine Tür nach links deutend:

„Treten Sie ein, bitte."

Der Junge öffnete die Tür und stand vor einem massiven, dunkelbraunen Schreibtisch. Dahinter saß in einem gestreiften, dunkelblauen Anzug und dezent gemusterter Krawatte ein Herr mittleren Alters.

„Sind Sie Herr Direktor Wiedener?", fragte der junge Besucher. Der Herr antworte lächelnd:

„Ja, der bin ich. Mit wem habe ich das Vergnügen?"

„Also, ich heiße Peter Friedmann. Meine Schwester Louise ist fünf Jahre alt und liegt im Krankenhaus in der Abteilung für krebskranke Kinder. Sie hat Leukämie. Wenn ich sie besuche, lese ich immer etwas vor, manchmal auch aus der Zeitung. Da stand gestern unter der Überschrift „Direktor Wiedener schafft Zeit", dass Sie als Hobbyflieger am Wochenende wieder in der Luft sein werden. Es geht um einen Wettbewerb im Zeitfliegen."

Herr Wiedener nickte:

„Ja, das stimmt."

„Seit meine Schwester vor einem Jahr mit dem Flugzeug auf Mallorca gewesen ist, ist sie ganz begeistert vom Fliegen. Ich muss immer alles vorlesen, was mit dem Fliegen zu tun hat."

In diesem Moment klopfte es kurz an der Tür, eine Dame, die ein Schriftstück in der Hand hielt, sagte „Entschuldigung!" und stakte mit kleinen Schritten auf den Schreibtisch des Direktors zu. Sie beugte sich zu ihm herab, zeigte auf das Schriftstück und flüsterte ihm etwas zu.

„Würden Sie mich einen Moment entschuldigen", wandte sich Herr Wiedener an den jugendlichen Besucher, „ich bin gleich wieder für Sie da."

Der Direktor stand auf und ging mit dem Fräulein etwas abseits an ein Fenster. Die beiden flüsterten miteinander und der Junge hörte immer wieder dieselben Worte heraus: "Geld…Geld…viel…zu wenig…Bürgschaft".

Als das Fräulein mit dem Schriftstück das Zimmer verlassen hatte, nahm Herr Wiedener wieder am Schreibtisch Platz und sagte:

„Also, wir haben so einen kleinen Fond für außerordentliche Fälle. Da könnte ich einmal anregen, dass wir eine gewisse Summe für ihre kranke Schwester, die sich wohl in einer außergewöhnlichen Notlage…"

„Nein, nein!", rief der Junge dazwischen, „darum geht es gar nicht. Nicht um Geld. Meine Schwester meint, sie könnten auch ihr Zeit beschaffen. Sie braucht nämlich Zeit, viel Zeit, um mit ihrer Krankheit fertig zu werden. Wenn sie fragt, wann sie wieder nach Hause gehen könne, bekommt sie von den Ärzten und Schwestern immer die Antwort: „Bald. Aber es braucht noch Zeit." Deshalb hat sie mir auch ihre Armbanduhr mitgegeben".

Jetzt langte er in seine Hosentasche, holte eine kleine Armbanduhr mit rotem Bändchen hervor und legte sie auf den Schreibtisch.

„Wenn Sie, Herr Wiedener, die Uhr bei ihrem Flug am Wochenende mitnehmen können, so denkt sie, würden Sie auch ihr mehr Zeit schaffen können. In der Zeitung steht ja, Sie könnten Zeit schaffen. Ich möchte Sie bitten, diese Uhr mitzunehmen. Würden Sie das tun?"

„Na ja, also vielleicht… Also das müsste eigentlich schon gehen, denke ich."

„Das wäre wunderbar. Louise würde sich so darüber freuen. Ganz bestimmt. Ich hole dann die Uhr nächste Woche wieder ab. Vielen, vielen Dank!"

Strahlend eilte der Junge zur Tür, sagte kurz „Tschüss!" und war draußen.

Direktor Wiedener sah auf die kleine Uhr mit dem roten Armbändchen, die vor ihm auf dem Tisch lag. Er hob sie hoch und betrachtete sie von allen Seiten. Er schüttelte den Kopf und sagte halblaut:

„Der wollte kein Geld. Er wollte – Zeit!"

ICE LEIPZIG – FRANKFURT (MAIN)

Der ICE Leipzig – Frankfurt am Main läuft im Leipziger Hauptbahnhof ein. Er hat zwanzig Minuten Verspätung. Albert tritt etwas auf dem Bahnsteig zurück und wartet ab, bis sich vor der Zugtür die übliche Drängelei der Fahrgäste aufgelöst hat. Auch im Zuginneren ergibt sich ein Stau, da die Passagiere erst noch ihre reservierten Plätze suchen und ihre Mäntel und Taschen verstauen müssen, bevor sie Platz nehmen können. Albert hat Glück, denn er findet gleich zu Beginn des Ganges seinen reservierten Fensterplatz an einem Vierertischchen.

Nach und nach füllen sich auch die übrigen Tischplätze. Zunächst nimmt eine junge Frau mit kurz geschnittenen braunen Haaren und mit dem Ausruf „Ha, der ist meiner!" gegenüber Albert Platz. Neben ihr zwängt sich kurze Zeit später ein korpulenter junger Mann auf den Sitz. Der Platz neben Albert bleibt längere Zeit leer. Doch als die meisten Fahrgäste ihre Plätze eingenommen haben, tritt ein chic mit hellbraunem Anzug und gleichfarbiger, gestreifter Krawatte gekleideter Mann mittleren Alters heran und fragt:

„Ist dieser Platz noch frei?" worauf Albert antwortet:

„Es scheint so. Bis jetzt hat sich niemand darum gekümmert."

„Gut, dann setz ich mich mal dahin. In Erfurt kann ich mich ja notfalls noch einmal umsetzen."

Da niemand Einspruch erhebt, geschieht es so. Das Auffälligste an dem Spätankömmling ist ein ziemlich großes Pflaster auf der Oberlippe, welches an einer Seite etwas braune Salbe durchschimmern lässt.

Der dickliche junge Mann hatte sich kaum gesetzt, als er schon ein umfangreiches Taschenbuch herausholt und, beide Ellenbogen auf das Tischchen gestützt, sich darin vertieft. Auch seine Nachbarin hält ein Buch in ihren Händen und liest, wobei sie ab und zu den Kopf bedenklich wiegt oder schmunzelt. Der zuletzt angekommene Fahrgast legt eine schwarze Mappe vor sich. Sie enthält, wie Albert leicht zur Seite schielend bemerkt, einzelne Blätter in Druckschrift im DIN-A4-Format. Der adrette Mann prüft aufmerksam den Inhalt und nur gelegentlich unterstreicht er mit einem Bleistift einzelne Zeilen.

Um nicht untätig zu sein, holt Albert ebenfalls ein Buch hervor. Er ist ein älterer Herr um die siebzig mit schütteren hellbraunen Haaren und einem weißen Oberlippenbart. Er schaut freundlich in die Leserunde und bemerkt, dass alle Teilnehmer Brillen tragen. Dann steckt er sich noch die kleinen Kopfhörer eines MP3-Players in die Ohren. Er liebt es, beim Lesen eine beruhigende Musikauswahl zu hören und ab und zu auch einzuschlummern. Denn eine lange Fahrt steht ihm bevor, etwa fünf bis sechs Stunden bis Frankfurt am Main. Der Tag in Leipzig war ermüdend gewesen. Das Herumgehen in den Messehallen, die langatmigen Gespräche mit den Kunden, das ständige Lächeln und Händeschütteln. Mit einem leisen Seufzer wendet er sich seinem Buch zu, aber es befriedigt ihn keineswegs. Die Handlung kommt nicht voran. Viel zu viel Beschreibungen, fast nur Natureindrücke und Charakterisierungen, kaum Dialoge. Kein Wunder, dass Albert bald die Augen schließt und hinüberdämmert.

Doch schon kurz vor Weimar kommt Bewegung in die Leserunde am Tischchen. Die Dame gegenüber von Albert steht auf, will offensichtlich ihren Platz verlassen, so dass der etwas beleibte junge Mann aufstehen und sie vorbeilassen muss.

Da sie nach einer Weile nicht zurückkommt, fragt der Krawattenträger neben Albert sein Gegenüber:

„Hat die junge Frau neben Ihnen ihren Platz verlassen?"

Der Angesprochene schaut erstaunt zur Seite und sagt:

„Ja, ich glaube, der Mann ist gegangen.“

„Es war eine Dame“, wirft Albert ein, „eine recht hübsche Dame.“

„So? Das habe ich gar nicht bemerkt. Ich lese lieber Bücher.“

„Dann würde ich gerne den Platz der Dame einnehmen, denn es könnte sein, dass mein Platz hier ab Erfurt reserviert ist.“

Der Dicke muss nun wieder seinen Lesestoff unterbrechen, muss aufstehen, um den Herrn mit Anzug und Krawatte vorbeizulassen.

Ob das so eintreten wird? räsoniert Albert. Ob nicht der Platz gegenüber reserviert ist und der neben mir frei bleibt? Oder beide Plätze vorbestellt sind?

Aber es kommt wie geplant. Kurz nach dem Halt in Erfurt erscheint eine schwarz gekleidete Dame mittleren Alters, legt nach kurzem Gruß ihre Handtasche auf den Sitz neben Albert. Dann zieht sie ihren kurzen Mantel aus, steckt ihn in die Ablage über dem Tischchen, holt ein Buch aus der Tasche und setzt sich. Nach einem scharfen Blick durch ihre schwarz geränderte Brille auf ihre Nachbarn gegenüber beginnt sie zu lesen. Wie der ältere Herr neben ihr erkannt hat, handelt es sich um Kalkulationsrechnungsarten oder ähnliches. Ob das eine fesselnde Lektüre ist?

Aber sein Gegenüber scheint auch nicht besser dran zu sein. Albert erkennt aus seinem Blickwinkel auf den Kopf gestellte Tabellen und Konstruktionszeichnungen. Na, vielleicht ist er von Beruf Ingenieur oder verkauft technische Einrichtungen.

Albert lässt sich nun tiefer in seinen Sitz sinken und schließt wieder die Augen. Es ist noch eine lange Strecke bis Frankfurt. Die Musik in seinen Ohren verschwimmt immer mehr in lang gezogenen Melodien, wird leiser und leiser.

Die scharfen Augen hinter den schmalen, dunklen Brillengläsern der Dame neben Albert prüfen den schräg gegenübersitzenden, gut gekleideten Mann.

Genau das richtige Alter, denkt die Dame. Den werde ich mir krallen. So etwas gibt es heute nicht mehr oft. Wahrscheinlich auch gut situiert. Der entkommt mir nicht. Ich brauche nur den richtigen Plan und die geeignete Gelegenheit. Wenn er nur nicht in Frankfurt aussteigt und am Bahnhof abgeholt wird. Von irgendeiner besorgten Mutti, die es zu Hause nicht aushält und ihm entgegenkommen muss. Das Aussteigen ist immer der richtige Augenblick für das rasche Zugreifen. Allerdings – der Kontakt muss schon vorher hergestellt werden.

Ein Geräusch lässt Albert die Augen öffnen und er bemerkt, wie sein Gegenüber halblaut in ein Mobiltelefon spricht. Ohne dass er sich anstrengen muss, hört er:

„Ich komme also etwas später in Frankfurt an. Den Anschlusszug werde ich wohl nicht mehr bekommen, da wir jetzt schon zwanzig Minuten Verspätung haben. Auch muss ich in Wiesbaden anschließend gleich ins Städtische Klinikum, in die Ambulanz. Da ist mir doch im Labor, kurz bevor ich zum Zug gehen wollte, ein Glaskolben geplatzt und eine Scherbe hat mich an der Oberlippe getroffen…Nein, nein, weiter ist nichts passiert. Im Labor hat man mich gleich mit einem Pflaster verarztet. Aber ich will doch nachschauen, ob die Wunde genäht werden muss… Nein, an den Zähnen ist nichts passiert. Ich hab auch die Schutzbrille aufgehabt. Also, wahrscheinlich komme ich etwa so eine Stunde später zu Hause an… Ja, Tschüss!… Wird schon, wird schon…"

Nachdenklich blickt der Unglücksrabe mit der gepflasterten Oberlippe auf seine Armbanduhr und steckt danach sein Handy in die Jackentasche.

Die dunkel bebrillte Dame ihm schräg gegenüber meldet sich jetzt:

„Wenn Sie wollen, könnte ich Sie von Frankfurt mit dem Auto nach Wiesbaden mitnehmen. Ich parke immer am Bahnhof, weil ich weiß, dass der Anschluss nach Wiesbaden häufig nicht rechtzeitig zustande kommt."

„Danke für das Angebot. Aber ich glaube, das ist nicht notwendig. Es macht vielleicht eine halbe Stunde aus, wenn ich mitfahren würde. Vielen Dank."

Albert sieht, wie die Gedanken hinter der Stirn des Mannes kreisen.

Dame in Schwarz neben ihm bemerkt es natürlich auch. Wird er anbeißen? Der Kontakt ist jedenfalls hergestellt, das Unternehmen könnte starten.

Der an der Oberlippe verletzte Mann schaut sinnend zum Zugfenster hinaus in die dunkle Nacht. Einzelne Lichter und schwach beleuchtete Konturen von Häusern und Bäumen huschen wie aufgeschreckte Schatten vorbei und lassen die hohe Geschwindigkeit des Zuges ahnen.

Schließlich lässt sich der Verletzte, an die schwarze Dame gewandt, wieder vernehmen:

„Vielleicht nehme ich Ihr Angebot doch an. Ich spare wahrscheinlich doch mehr als eine halbe Stunde, wenn ich mit Ihnen fahre."

„Kein Problem von meiner Seite. Ich denke auch, das ist vernünftig. Bei einer solchen Verletzung sollte man spätestens nach zwei Stunden einen Arzt aufsuchen. Und das Auto steht bereit."

Na also, er hat angebissen.

Kurze Zeit später greift der chic gekleidete Mann wieder zu seinem Klapp-Handy:

„Also, ich bin´s wieder. Ich werde jetzt doch schon etwas früher heimkommen können. Eine nette Dame neben mir im Zug hat angeboten, mich von Frankfurt nach Wiesbaden mitzunehmen, in ihrem Auto. Also, es wird jetzt doch nicht allzu lange dauern…Nein…Ja, also bis dann. Tschüss."

Der ältere Herr schließt wieder die Augen. Der Zug hat inzwischen deutlich beschleunigt und fliegt sachte durch die Nacht. Der Körper vibriert leicht und wohlig in sich versunken, lauscht Albert der weichen Musik in seinen Ohren. Sie wird leiser und leiser und wird eins mit dem summenden Fahrgeräusch.

Aber er schläft unruhig. Ihn beschäftigt die schwarz gekleidete Dame. Was konnte sie vorhaben?

Natürlich werde ich ihn nicht nur bis Wiesbaden mitnehmen und ihn dann irgendwo absetzen. Das wäre zu billig. Ich werde ihn zur

Ambulanz der Klinik begleiten. Selbst-.
verständlich. Das kann er gar nicht abschlagen.
Ich werde die Besorgte spielen und draußen
sitzen und warten, bis er wieder aus dem
Behandlungsraum kommt. Er wird gar nicht
anders können, als mir seine Privatadresse und
die Telefonnummer zu geben. Falls er nicht
daran denkt, – ein kleines Dankeschön in Form
eines Blumenstraußes oder etwas Ähnliches ist
da wohl üblich - darauf werde ich ihn schon
bringen. Aus Sorge um seine Gesundheit
natürlich. Ich sehe ja auch, wo er aussteigt,
wenn ich ihn nach Hause fahre.

Dann anschließend ein kleines Rendez-vous
hier, ein Jour fixe dort. Und schließlich ein
regelmäßiges Zusammentreffen in einem vor-
bestellten Hotelzimmer. So muss es sein.

Ja und etwas später werden wir uns mit der
Madame beschäftigen. Dann kommt der unaus-
weichliche Konflikt. Wenn keine Scheidung in
Freundschaft möglich ist, dann eben in Zorn.
Schlimmstenfalls muss man weiterdenken, wie
man die Bindung auf anderem Wege lösen
könnte.

Viele tödliche Unfälle werden ja von der
Polizei nur schlampig untersucht. Sieht aus wie
ein häuslicher Unfall: Beim Gardinen-
aufhängen vom Stuhl geglitten. Oder beim
Tragen des Korbes mit schmutziger Wäsche die

Kellertreppe hinuntergefallen. Nicht zuletzt die guten, alten Giftmittel aus Wald, Wiese und Garten. Tollkirschen zum Beispiel oder Schierlingskraut. Eisenhut und Rittersporn. Herbstzeitloseblätter lassen sich ganz leicht einer Suppe beimischen.

Viele Hausärzte stellen viel zu leichtgläubig Totenscheine aus. Das ist statistisch bewiesen. Sie sind oft übermüdet und scheuen es, die Toten genau zu untersuchen. Sie müssten die Toten ausziehen, zur Seite drehen und den ganzen Körper nach Spuren untersuchen, die nicht natürlichen Ursprungs sind. Das ist eine mühsame und unappetitliche Prozedur.

Albert fährt mit einem leisen Stöhnen hoch, als hätte er einen schrecklichen Traum gehabt. Der Zug hat seine Fahrt merklich verlangsamt. Aus dem Lautsprecher tönt eine Automatenstimme:

„Liebe Zuggäste, in wenigen Minuten fährt der Zug mit fünfundzwanzig Minuten Verspätung in Frankfurt am Main ein. Die Anschlusszüge sind…"

Ein allgemeines Hochsteigen der Fahrgäste aus den Sitzen erfolgt. Taschen werden gepackt, Mäntel angezogen, Gepäckstücke aus den Ablagen gewuchtet. Dann verstopft die Menschenansammlung die Gänge mit den

Rollköfferchen und schiebt sich Zoll für Zoll den Ausgängen zu.

Auch Albert erhebt sich aus seinem Sitz. Etwas treibt ihn zur Eile. Er hat, ohne dass es zu einem Abschiedsgruß gekommen ist, seine Zugbekanntschaft bald verloren. Es fällt ihm schwer, seine Gedanken zu ordnen.

Warum hat jede menschliche Beziehung die Neigung, katastrophal zu enden? Muss das so sein? Soll ich etwas unternehmen? Die beiden sind bestimmt schon auf dem Weg zum Parkhaus am Hauptbahnhof. Die hole ich nicht mehr ein. Aber ich kann ihnen nachfahren. Mit einem Taxi. Ihr Zielort ist ja klar: Städtisches Klinikum Wiesbaden. Vielleicht erreiche ich sie dort noch, bevor es zu spät ist.

Albert beschleunigt seine Schritte und, von einer ungewohnten Hast heftig atmend, erreicht er den Taxistand vor dem Bahnhof. Natürlich ist bereits unter einigen Zuggästen ein heftiger Kampf um die bereitstehenden Wagen entbrannt. Recht unwirsch gelingt es dem weißbärtigen Herrn mit dem verschwitzten, roten Kopf ein Taxi zu besteigen. Aber erst, nachdem er eine Frau mit zwei halbwüchsigen Kindern zur Seite gedrängt hat mit dem Ruf:

„Ich muss unbedingt ins Klinikum. Das ist ein Notfall!" Den Gegenruf der Frau: „Das kann ja jeder sagen!", hört er schon nicht mehr.

Auf dem Weg nach Wiesbaden bedrängt er den Taxifahrer:

„Eile! Eile! Es ist ein Notfall!"

Als sie sich Wiesbaden nähern, kommen dem ungeduldigen Fahrgast plötzlich Zweifel. Was mache ich da eigentlich? Darf ich das? Mich einzumischen in den Lauf eines fremden Schicksals? Dazwischenzutreten wie ein Racheengel, wie der Heilige Michael mit dem Flammenschwert? Halt! Auseinander! Ihr dürft nicht so weitermachen! Ihr dürft dem Lauf der Dinge nicht eine so schreckliche Wendung geben! Ihr könnt nicht eine Ehe zerstören, vielleicht sogar einen Mord begehen! Das ist doch der blanke Wahnsinn!

Aber vielleicht ist es gar keine Tragödie, die sich da anbahnt. Wie komme ich nur darauf? Es könnte doch auch ganz friedlich und harmonisch enden. Sie könnten sich doch auch einvernehmlich trennen. Die hintergangene Ehefrau heiratet wieder. Zum Beispiel ihre alte Jugendliebe. Alles endet gut in Frieden und Freundschaft. Wirklich? Oder so ähnlich. Oder doch völlig anders? Ganz, ganz schlimm?

Als das Taxi in Wiesbaden vor der Klinikambulanz anfährt, schreiten gerade der gut gekleidete Herr und seine dunkle Begleitung dem Eingang zu. Ohne weiter nachzudenken, steigt Albert aus und hastet den beiden hinterher. Plötzlich hält das Pärchen vor der Türe an, wie durch ein Bollwerk gebremst.

Da steht eine Frau unübersehbar, stämmig, vollbusig und entschlossen. Einige Schritte entfernt davon hört der zu allem entschlossene Albert ihre volltönende Stimme:

„Da bist du ja! Oh Gott, wie du nur aussiehst! Ich habe die Formalitäten an der Anmeldung für dich schon erledigt. Der diensthabende Arzt der Ambulanz ist schon verständigt. Auf, auf! Er wartet schon."

Bevor ihr Gatte seine Begleitung vorstellen kann, hat sie ihn schon zur Tür hinein- geschoben. Dann wendet sie sich mit einem feinen Lächeln der schwarz gekleideten Dame zu und flötet:

„Das war aber sehr nett, dass Sie sich um meinen Mann gekümmert und bis hierher gebracht haben. Richtig nett. Vielen, vielen Dank."

Dann geht sie schnell durch die Tür und zieht sie heftig hinter sich zu.

Beinahe wäre der ältere Herr auf die dunkle Dame aufgelaufen. Ihr bleiches Gesicht ist ein einziges Staunen.

„Hier die Ambulanz? Da wollte ich aber gar nicht hin. Entschuldigung!", stößt er schnell hervor.

Albert wendet sich um und sieht den Taxifahrer, der um seinen Lohn fürchtend, ihm nachgeeilt war. Er beruhigt ihn mit den Worten:

„Wir fahren den ganzen Weg nach Frankfurt wieder zurück."

Der merkwürdige Fahrgast macht es sich auf dem Rücksitz des Taxis für die Rückfahrt bequem. Er legt den Gurt an, streckt die Beine zur Seite und stopft sich wieder die kleinen Kopfhörer seines MP3-Players in die Ohren.

Dann schließt er die Augen und pfeift leise die Melodien mit, die in seinen Ohren erklingen.

BILLIE & CLOË

Einem aufmerksamen Beobachter mussten die beiden in weite, farbige Gewänder gehüllten Gestalten, welche die schmale Treppe hinunter zum Empfang des Hotels gingen, sehr merkwürdig erscheinen. Sie durchschritten den als Frühstücksraum eingerichteten Gang bis zum Ende, wo ein kleines Buffet eingerichtet war und setzten sich an das letzte Tischchen. Dort richtete sogleich die etwas jüngere Dame das Gedeck für die ältere, schnitt die Brötchen auf und beschmierte sie mit Butter und Marmelade. Die ältere Dame ließ sich das offensichtlich gerne gefallen und bedankte sich mit einer tiefen, sandigen Stimme:

„Danke, meine liebe Billie."

„Gern geschehen, liebste Chloë", antwortete ihr Gegenüber mit einer sonoren Bassstimme.

In ihren Gesichtern dominierten kräftige Nasen, bei Chloë war diese hakig und spitz zulaufend, während sie bei Billie dick und breit im Gesicht stand. Wären ihre Gesichter nicht kräftig geschminkt gewesen, so hätte man sie rundweg als hässlich beschreiben müssen.

Alles in allem konnte man beide für ein älteres, schwules Pärchen halten. Aber das stimm te nicht ganz: Billie hieß von Amts wegen Helmut und hinter dem superb anmutenden „Chloë" versteckte sich schlichtweg eine Gisela. Beide hatten sich vor fünfzehn Jahren in einem Kölner Künstlerlokal kennen gelernt, wo Chloë Lieder vortrug nach Texten von Klabund, Christian Morgenstern, aber auch Songs von Bert Brecht und anderen. Köln tolerierte wohl ein solches Pärchen, nach dem Motto: „Jeder Jeck ist anders".

Seit Jahren fuhren beide schon nach Venedig, manchmal sogar zweimal im Jahr, meistens im Frühling oder im Herbst. Und bei einer ihrer Reisen hatten sie das Hotel mit dem Namen „Minerva und Neptun" entdeckt. Es war geradezu ideal für sie. Das Hotel besaß nur zwölf Zimmer und alle Räume waren bis auf den Zentimeter genau mit stilvollen alten Möbeln eingerichtet. Man konnte es leicht zu Fuß oder direkt von einer Bootsanlegestelle des Kanals erreichen.

Beide hätten ohne weiteres ein kostspieligeres und geräumigeres Hotel beziehen können, denn Chloë war nicht unvermögend. Ihr zweiter Ehemann besaß zu seinen Lebzeiten ein Antiquitätengeschäft in Köln und ein weiteres in Amsterdam. Chloë war von ihm - wie man sagt – an einer langen Leine geführt worden. Sie durfte in der Kölner Künstlerkolonie verkehren und ihre Chansons singen und er beschäftigte sich ausschließlich mit seinen Antiquitäten.

In den letzten Jahren waren Billie und Chloë kaum noch zu Fuß in Venedig unterwegs, denn Chloë hatte immer mehr Probleme mit ihrer Lunge. Sie mieteten daher gerne für kürzere Strecken eine Gondel, wenn das Wetter es erlaubte, und für längere Strecken ein Wassertaxi.

Chloë war von früher Jugend an eine starke Raucherin. Sie wusste natürlich, dass das für ihre Gesundheit von Übel war. Sie hatte auch schon mindestens zwanzig Mal aufgehört zu rauchen. Aber auch einundzwanzig Mal damit wieder angefangen. Billie hatte ihr zuliebe sogar das Rauchen aufgegeben, was Chloë nur umso schuldbewusster zurückließ. Billie hatte bemerkt, dass es mit Chloës Gesundheit von Jahr zu Jahr immer mehr bergab ging. Sie sah es zunächst an den häufiger werdenden Hustenanfällen und später auch an den blutigen Rückständen in Chloës Taschentuch, auch wenn diese versuchte, diesen Umstand vor Billie zu verbergen.

An diesem Morgen sagte Cloe plötzlich beim Frühstück mit strahlenden Augen:

„Billie, weißt du was? Wir könnten wieder einmal über den Markusplatz schlendern und

dann all die wundervollen Räume im Dogen-
palast aufsuchen. Vor allem den herrlichen,
goldenen Treppenaufgang möchte ich wieder
einmal sehen. Was meinst du, Billie? Sag Ja,
Billie."

„Das ist ein wunderbarer Vorschlag, meine
Liebe. Wir müssen uns dafür nur noch etwas
zurecht machen."

So zogen sie sich in ihr Zimmer zurück,
wobei Chloë offensichtlich Mühe hatte, die
steile Treppe zum ersten Stock des Hotels
hinauf zu steigen.

Der kleine Ausflug ließ sich wunderbar an.
Ein seidig blauer Himmel spannte sich über
Venedig und ein laues Lüftchen wehte, als sie
in das Wassertaxi stiegen. Billie machte dem
Fahrer klar, dass sie es keineswegs eilig hätten,
und so fuhren sie mit verminderter
Geschwindigkeit den Canal Grande entlang.
Chloë blickte links und rechts auf die
prächtigen Paläste und war sehr stolz darauf,
dass sie fast alle ihre Namen kannte. Sie fuhren
unter der Rialtobrücke hindurch und gelangten
bald an die Mündung des Kanals in die Lagune.
Dort stiegen sie aus und wandelten langsamen
Schrittes die kleinen Kanäle entlang in
Richtung Markusplatz. Chloë blieb gerne an
den vielen Andenkenläden stehen und be-

trachtete die Glaswaren und die witzigen Figürchen.

„Weißt du, Billie, warum die Venezianer so eine Vorliebe für Figuren haben, die Katzenköpfe tragen? Hier schau mal! Katzenfiguren in allen Größen: Manche sitzen nur einfach steif da. Andere spielen Karten, tanzen oder machen alles Mögliche, was die Menschen auch tun."

„Nein, Chloë, das wundert mich auch. Ich glaube, die Venezianer lieben diese Katzen, weil es lebende Katzen hier so wenig gibt. Wo sollten sie hier auch leben, bei all dem Wasser."

Auf dem Markusplatz setzten sie sich auf ein sonniges Plätzchen eines Cafés und blinzelten auf die goldig glitzernde Fassade des Domes. Eine Geige spielte im Duett mit einer Querflöte sanfte Melodien. Chloë meinte:

„Auch wenn es ein wenig albern und kitschig ist, hier zu sitzen, bei all den vielen Menschen und auffliegenden Tauben, schön ist es doch. Was meinst du, Billie?"

„Es ist schön, sehr schön. Wir sollten es öfters tun. So oft wir nur können."

Später verließen sie das Café und schlenderten zum Dogenpalast. Dort reihten sie sich in die Besucherschlange ein, die sich vor dem Eingang gebildet hatte. Als sie sich dem Einlass näherten, blickten beide aufmerksam auf die weiß-graue Außenwand des Palastes. Und da stand es wirklich auf einer kantigen Halbsäule mit Kugelschreiber notiert, schon leicht verwittert, aber immer noch deutlich lesbar:

„Billie&Chloë

15-10-2001"

Sie schwiegen beide in stillem Einvernehmen, ein Lächeln der Erinnerung flog sachte über ihre Gesichter.

Damals hatten sie an einem Tag voller Wissensdurst alles erkundet. Alle Winkel der Markuskirche mit dem Reiseführer in der Hand, auch die Empore mit dem Museum und den vier Pferden, hatten die Originale der Pferde im Inneren mit den Kopien auf dem Balkon der Kirchenfassade verglichen, was der Reiseführer empfahl, konnten aber keine Unterschiede feststellen. Im Dogenpalast überprüften sie die großen und kleinen Repräsentationsräume, ja jeden leeren Gefängnisraum. Sie schauten durch das Gitterwerk der Seufzerbrücke hinaus auf die staunenden Touristen, die auf der Kanalbrücke standen.

Heute würden sie den Dogenpalast nicht mehr mit dem gleichen Eifer früherer Jahre durchlaufen können, das war klar. Doch die Freude des Wiedersehens stimmte sie erwartungsfroh.

Sie durchschritten den großen Innenhof und standen bald vor der Scala d´Oro. Chloe ergriff das Geländer und blickte beim Steigen immer wieder zu den vergoldeten Stuckornamenten in die Höhe. Sie ging langsam und atmete immer schwerer. Im ersten Zwischengeschoss blieb sie stehen und Billie merkte, dass Chloë leichenblass war und schwankte. Den Rest der Treppe würde sie nicht mehr zu Ende gehen können. Daher nahm Billie sie fest unter den Arm und wortlos schritten sie die goldverzierte Treppe wieder hinab. Schritt für Schritt gingen sie unter der Arkade im Hof weiter und gelangten in die Cafeteria, wo sie an einem Tischchen Platz nahmen. Billie bestelle Mineralwasser für beide. Chloë atmete einige Male tief durch, sah dabei aber Billie nicht in die Augen. Dann sagte sie:

„Ach Billie, Venedig ist doch ein schöner Ort zum Sterben."

Dabei blickte sie wieder zu Billie auf, als wollte sie Zustimmung. Diese lächelte und tätschelte Chloës Hand. Dann sagte sie:

„Nichts da, wir gehören nach Köln. Wir sterben im Karneval zu Köln. Vielleicht am Rosenmontag, wenn der Zug kommt." Dann sang sie halblaut, indem sie sich zu Chloë hinabbeugte:

„Wenn das Trömmelchen geht,

dann steh´n wir all´parat

und wir ziehen durch die Stadt

und jeder hat gesagt:

Kölle Allaaf, Allaaf!

Kölle Allaaf!"

Chloë zwang sich zu einem müden Lächeln:

„Ach, Billie, du bist so lieb zu mir."

Dann schmunzelte sie und ihre Augen leuchteten wieder, wobei sie sagte:

„Und weißt du noch? Nach dem Rosenmontagszug sind wir immer durch die Lokale am Ring gezogen. Und immer hatten welche gerufen: „Chloë, sing doch ein Lied! Was Lustiges". Und ich hab´ die alten Karnevalslieder gesungen. Und alles hat mitgesungen. Mein Gott, war das schön. So schön."

„Und in jedem Lokal wurde etwas getrunken. Ein Bier oder ein Wein, manchmal auch ein Cognac."

„Und das ging so, bis der Morgen graute und die ersten Amseln flöteten. Ach Gott, war das schön."

„Weißt du noch, wie wir einmal auf dem Heimweg im Taxi einschliefen und uns der Fahrer vor unserer Haustür aufwecken musste?"

„Und wie er uns noch bis zur Tür beim Gehen stützen musste?"

„Und wie wir dann im Flur beide auf den Boden geknallt sind?"

„Aber wir haben uns wieder aufgerappelt und uns am Treppengeländer hoch gehantelt."

„Ja, nach dem Motto: Zwei Fuß vor, einer zurück."

Chloës Gesicht zeigte wieder Farbe, ihre Augen glänzten.

„Dann warfen wir uns aufs Bett, so wie wir waren. Im Kostüm und die Schuhe noch an."

„Du, am nächsten Tag hatten wir einen Schädel zum Platzen. Wir standen nur auf, um uns Eisbeutel und Kaffee zu machen."

„O Gott, war das schlimm, richtig schlimm."

„Und es wird wieder so schön werden. Du wirst es schon sehen. Jetzt machen wir uns aber ganz langsam auf den Heimweg und ruhen uns im Hotel so richtig aus."

„Ja Billie, du führst mich nach Hause."

Im Hotelzimmer bekam Chloë, die ermattet in den Sessel gefallen war, einen Hustenanfall. Billie wusch sich im Bad gerade die Hände und bemerkte, dass der Husten heftiger war als sonst. Sie öffnete schnell die Tür und sah, dass sich Chloë ein blutrotes Taschentuch vor den

Mund hielt. Billie griff sich schnell ein Badehandtuch, eilte zu Chloë und hielt ihr das Tuch vor den Mund. Da bekam Chloë einen zweiten Hustenanfall, der fast das ganze Handtuch rot einfärbte. Billie ergriff hastig das Telefon auf dem Nachttischchen, wählte die Hotelnummer und rief:

„Die Ambulanz, bitte! Die Ambulanz, schnell!"

Die nächste Viertelstunde war von Hektik erfüllt. Billie packte schnell das Wichtigste von Chloës Kleidungsstücken und Toilettenartikel zusammen und zwischendurch kümmerte sie sich um Chloë, die immer noch ermattet auf ihrem Sessel saß und ein frisches Handtuch vor ihren Mund hielt.

Als die weiß gekleideten Männer der Ambulanz ins Zimmer traten, waren nur wenige Worte notwendig. Sie sahen die blut-getränkten Handtücher und die leichenblasse Chloë auf ihrem Stuhl und entschieden sich für einen Transport ins Hospital. Der kräftigere der beiden Männer nahm die schmächtige Chloë wie ein Kind auf beide Arme, trug sie die Treppe hinab, über die Straße bis hin zum Ambulanzboot. Die aufgeregte Billie eilte mit einem Köfferchen in der Hand hinterher.

Geraume Zeit später stand Billie in einem Krankenzimmer des Hospitals und blickte durch das Fenster hinunter auf den Kanal. Hinter ihr lag Chloë regungslos und tief atmend in weißes Leinen gehüllt auf einem Bett. Die Pumpe des Beatmungsgerätes arbeitete leise und regelmäßig.

Unten auf dem Kanal zog im Abendlicht eine Gondel ihre Bahn. Darin saßen gerade und aufrecht ein Mann und eine Frau, ganz ähnlich den steif sitzenden Katzenfiguren in Venedigs Schaufenstern. Dann verschwammen ihre Umrisse allmählich im Dunkel des Dämmerlichts, als sich Billies Augen mit Tränen füllten.

SCHNITZELJAGD

Der Spaziergang hat gutgetan. Das Weizenbier auf der Terrasse des Restaurants auch. Der Tag hatte windig begonnen, aber schon nach kurzer Zeit zerstreute der Wind die Wolken und ein fast wolkenloser Himmel strahlte.

Ich gehe zur Garderobe an der Eingangstür der Gaststätte und greife meine Windjacke vom Haken. Unschlüssig mache ich ein paar Schritte zum Parkplatz und überlege, ob ich mit dem Auto weiterfahren soll oder mir von hier aus noch ein wenig die Füße vertrete. Unterhalb der Gaststätte spiegelt sich ein See in der Sonne, eingerahmt von Wiesen, Buschwerk und Bäumen. Sehr verlockend. Dann krame ich doch in den Taschen meiner Windjacke nach den Autoschlüsseln, kann sie aber nicht finden.

Wo sind die bloß? Kann ich sie verloren haben? Nervös suche ich hastig weiter und halte plötzlich ein Briefkuvert in den Händen. Keine Schlüssel, aber ein Briefumschlag. Wie kommt der denn in meine Jacke?

Der Umschlag ist nicht zugeklebt und ich kann ihn leicht öffnen. Er enthält eine Seite Schreibpapier, auf dem steht:

*begib dich geradeaus hinunter zum bootssteg -
im papierkorb rechts findest du einen weissen
plastikbeutel - darin enthalten: weitere anwei-
sungen.*

Was soll das denn? Ein Scherz? Auf-
forderung zu einer Schnitzeljagd? Ist das Über-
haupt meine Windjacke?

Ich ziehe die Jacke aus und mustere sie. Na
ja, es ist wohl meine Jacke. Nichts Besonderes
daran. Dutzendware, beige-grau. Um sicher zu
gehen, suche ich nochmals den Garderoben-
ständer des Restaurants auf. Ich finde keine
weitere helle Windjacke, viele schwarze, eine
blaue. Es ist wohl meine Jacke.

Was soll ich machen? Ich mustere noch ein-
mal das Schriftstück. Es ist nichts Auffälliges
daran. Es wurde in Kleinbuchstaben und mit
einem Computer geschrieben. Schrifttyp:
Times New Roman.

Missmutig schreite ich hinunter zum Steg am
See. Da ist wie beschrieben ein Papierkorb,
darin neben Getränkebüchsen und Flaschen
zusammengefaltet eine weiße Einkaufstüte aus
Plastik. Ich öffne sie und finde in ihr ein
weiteres Briefkuvert, darin einen Briefbogen.
Ich lese:

wenn du deinen schlüssel wiederbekommen willst, solltest du von hier die ca. 100 meter über den see zum rechts liegenden bootssteg schwimmen. Wie du siehst, ist das rechte ufer durch ein privatgelände mit zaun verbaut. Wenn du links um den see gehst, sind es 3 km.

den weißen beutel kannst du dazu benutzen, deine kleider trocken über den see zu bringen. lege sie zusammen und schiebe sie in den Beutel, den du oben verknoten kannst. die schuhe kannst du mit den schnürsenkeln zusammenbinden und um den hals legen. dann kannst du langsam schwimmend, den beutel auf dem kopf balancierend, das andere Ufer in etwa 15 minuten erreichen. dort findest du in dem papierkorb einen weißen plastikbeutel mit weiteren anweisungen.

Nach dem Lesen wird mir ganz heiß um die Stirn. Was soll ich nur machen? Den Anweisungen folgen oder die Polizei rufen? Ich laufe auf dem Bootssteg unschlüssig hin und her.

Bis die Polizei hier ist, mich anschließend vielleicht um den ganzen See gefahren hat, vergeht viel Zeit, vielleicht eine Stunde. Und dann die ganzen Umstände, die damit verbunden sind! Die Fragerei und das Hin- und Herüberlegen. Kann auch sein, dass bis dahin auch der Papierkorb geleert wird!

Wenn ich den Anweisungen folgen würde, könnte die ganze Angelegenheit in wenigen Minuten erledigt sein. Wer weiß?

Ich schaue mich um und sehe an diesem trägen, sonnigen Werktagsnachmittag keinen Menschen in der Nähe. Auch nicht am anderen Ufer.

Also gilt´s: Ich ziehe meine Turnschuhe und die Socken aus. Dann kommen das T-Shirt und meine knielangen Hosen dran, auch die Boxer-Shorts. Ich fülle den Plastikbeutel und knüpfe ihn zu. Die Schuhe binde ich ebenfalls zusammen und lege sie mir um den Hals.

Dann setze ich mich auf die Kante des Bootssteges, halte den Beutel mit einer Hand über den Kopf und lasse mich ganz langsam ins Wasser. Es ist frühsommerlich kühl. Den ersten Schwimmstoß mache ich mit dem linken Arm, dann lege ich den Beutel auf den Kopf und rudere mit gestrecktem Hals und Kopf langsam und vorsichtig über den See in Richtung Bootssteg zum anderen Ufer. Das geht überraschend zügig; ohne dass der Beutel ins Wasser fällt.

Drüben angekommen, hieve ich den Beutel sofort über die Kante auf die Bretter des Steges. Dann schwinge ich mich hoch. Vor Nässe triefend tapse ich zum Papierkorb und greife hastig nach dem weißen Plastikbeutel. Das Kuvert darin enthält folgenden Brief:

qualifikation des bisherigen testablaufes:
du hast deine aufgabe im ganzen
a) exzellent
b) passabel
c) inakzeptabel gelöst
anweisungen für die mittlere Qualifikation
b):
zurückschwimmen an den ausgangspunkt,
dort neue anweisungen im papierkorb.

Ohne weiter nachzudenken, öffne ich hastig den Beutel, stecke den Brief hinein, verknote ihn und gleite wieder ins Wasser. Diesmal brauche ich für die Strecke weniger Zeit als vorhin und hätte am Bootssteg beinahe den Beutel ins Wasser abtauchen lassen, da ich ihn zu hastig vom Kopf genommen habe, um ihn auf die Bohlen zu schwingen.

Mit zittrigen Fingern öffne ich den Plastikbeutel und finde dort die Autoschlüssel und einen Brief. Ich lese:

der testablauf hat folgende ergebnisse ge-
bracht:

deine körperliche konstitution
a) ist muskulös und trainiert
b) zeigt ein wenig fettansatz
c) lässt zu wünschen übrig

deine Entschlusskraft ist
a) spontan und zielstrebig
b) zaudernd und kopfgesteuert
c) den anforderungen nicht gewachsen

die testergebnisse: b) in beiden qualifika-
tionsmerkmalen:
sie ermöglichen die rückgabe der schlüssel
weitere körperliche übungen werden empfoh-
len.

Ich hole tief und erleichtert Luft und schaue mich um. Auf dem gegenüberliegenden Steg steht jetzt ein Pärchen und blickt auf den See hinaus. Es ist mir egal, ob sie mich hier sehen. Am liebsten würde ich jetzt nackt einen Freudentanz aufführen. Ich öffne meinen Kleiderbeutel, trockne mich mit dem T-Shirt ab und schlüpfe in die Hosen, Socken und Schuhe. Das feuchte T Shirt ziehe ich zuletzt über. Die

Autoschlüssel verstaue ich in einer Hosen-
tasche und die Windjacke trage ich fest am
Arm.

Während ich den weißen Plastikbeutel
wieder in dem Papierkorb ablege, schaue ich
mich nochmals um. Werde ich beobachtet?
Steht da in dem Haus auf dem Privatgelände
jemand auf dem Balkon und schaut mit einem
Fernglas auf den See hinaus?

Vielleicht. Jedenfalls möglich.

DER BERICHT DES KOMMANDEURS

„Das ist doch, mon Dieu, wohl der un-
freundlichste und traurigste Ort in ganz
Frankreich", schimpfte mein Gefährte, als wir
auf dem kleinen Marktplatz von Malvillier im
Elsass standen. Es war ein trüber, verregneter
Tag im Sommer 1794, dem Jahr II der
Republik, und wir waren zu Pferd von Zabern
her in dieses kleine, unwirtliche Tal der
Nordvogesen geritten. Aber was uns hier
erwarten sollte, war von Anfang an mysteriös
und schließlich auch grauenvoll.

Eigentlich waren wir auf dem Weg nach
Landau in der Pfalz. Man hatte uns als
Volksrepräsentanten des Nationalkonvents in
Paris dorthin gesandt, um die Offensive der
Rhein- und der Moselarmee gegen die Preußen
und Österreicher voranzubringen. Denn um
diese stand es nicht zum Besten. Eine erste
Offensive quer durch den Pfälzer Wald war
anfangs Juli nicht erfolgreich gewesen.
Kriegsminister Carnot forderte einen Durch-
bruch der gegnerischen Verteidigungslinie,
damit eine Vereinigung der Mosel- mit der
Rheinarmee hergestellt und die Landesgrenze
am Rhein nach Norden vorangetrieben würde.
Den oft zu selbstbewussten und widerborstigen

Generälen sollte „Feuer unter den Hintern"
gemacht werden, wie sich Carnot ausdrückte.
Wenn es nötig sein sollte, auch mit mehr oder
weniger deutlichen Hinweisen auf das Schafott,
das in Paris gerade eine Hinrichtung nach der
anderen absolvierte. Das hier in Malvillier war
ein kleiner Umweg am Rande unseres viel
wichtigeren Auftrags.

Mein Mitreisender, Gustave Gouvion, war
ein kühler Theoretiker und stammte aus der
Gironde. Er hatte fast alle aufklärerischen
Schriftsteller gelesen, Voltaire, Diderot,
Montesquieu, Rousseau und wie sie alle heißen
und glaubte - obwohl er den Namen Gottes
immer im Munde führte - nicht mehr an Gott.
Er glaubte nur noch an die Vernunft und an das
Wohl der Republik. Er pflegte zu sagen:

„Denken Sie immer daran, Monsieur Heintz,
nur der Verstand bringt uns voran, die Logik
der Vernunft wird siegen!"

Ich dagegen, Jean Heintz, war eher ein
Mann des Volkes und stammte aus Metz. Ich
sprach französisch und auch recht gut deutsch.
Natürlich beherrschte ich auch das Misch-
masch, das in den Markthallen und auf den
Straßen von Metz gesprochen wurde, eine
kuriose Mischung aus einem lothringischen
Dialekt mit französischen Vokabeln. Dass ich
deutsch sprach, war wohl der hauptsächliche

Grund, weshalb ich hierher ins Elsass geschickt wurde.

Unsere Ankunft war anscheinend schon anvisiert worden, denn vor dem Gasthof stand eine kleine Gruppe von Männern um einen kräftigen Kerl, der finster dreinblickte und wohl der Maire, der Bürgermeister, der Gemeinde war. Er gab einem Knecht durch einen Zuruf den Auftrag, dass er sich um unsere Pferde und unser Gepäck kümmern sollte.

Dann schritten sie zögernd näher und es war gleich klar, dass es kein herzlicher Empfang werden würde. Der finster blickende Bürgermeister reichte uns wortlos die Hand, die anderen hielten sich abseits, die Blicke gesenkt. Dann wurden wir in die Wirtsstube geführt und setzten uns an einen runden Tisch. Etwas abseits steckten einige Einheimische die Köpfe zusammen und musterten uns mit ängstlichen und schuldhaften Blicken. Sie ahnten anscheinend nichts Gutes. Als könnte irgendeine schändliche Tat aufgedeckt werden.

Bürger Gouvion begann ohne Umschweife:

„Monsieur le Maire, in Paris sind uns merkwürdige Dinge über euren Ort zu Ohren gekommen. Es heißt, die Leute hier wären mit unserer glorreichen Revolution und deren Wohltaten nicht einverstanden. Es herrsche

keinerlei Begeisterung, sondern eher Miss-
trauen und Abneigung gegenüber den segens-
reichen Neuerungen der Revolution. Man
befürchtet, ihr könntet ein Nest des Wider-
standes bilden und vielleicht sogar Anhänger
der verstockten Königstreuen in euren Reihen
verbergen. Was sagt ihr dazu?"

In einer Mischung aus elsässischem Dialekt
und ein paar Brocken Französisch antwortete
der Maire nach einer längeren Denkpause:

„An dem Zwischenfall damals hatten wir
nicht allein Schuld. Das müsst Ihr mir glauben.
Da waren auch Soldaten dabei."

Gouvion warf mir einen verständnislosen
Blick zu und fragte:

„Welcher Zwischenfall und wann war das?"

„Na damals im ersten Revolutionsjahr, als
das Schloss gestürmt wurde."

"Welches Schloss und was ist damals vorge-
fallen?"

„Na, das Jagdschloss oben im Wald. Da hatte
sich die Herrschaft verbarrikadiert. Da haben
die Bauern schon rechtzeitig die Pferde
weggeholt, den Pferdestall und die Kutschen in
Brand gesteckt, so dass sie nicht mehr fliehen
konnten. Wir hatten gehört, dass in Paris das
Gefängnis gestürmt worden war. Wir hatten
auch gehört, dass die Bauern im ganzen Land

sich bewaffnen und zu den Schlössern der Herren ziehen. Wir wollten auch die Briefe vernichten, in denen die großen Herren unsere Steuern und Abgaben verzeichnet haben."

Er hielt nun mit seiner Rede inne und schaute uns Beifall heischend an, so als müssten wir ihn belobigen und auf die Schultern klopfen. Aber Gouvion sagte:

„Und da habt ihr das Schloss geplündert und in Brand gesteckt? War es so? Was ist mit den Adligen geschehen?"

Der Bürgermeister senkte jetzt den Kopf tief und war kaum noch zu verstehen. Er murmelte:

„Das wissen wir nicht. Vielleicht sind sie noch in dem Schloss."

„Was soll das denn heißen? Das muss doch, na, etwa drei Jahre her sein!", rief ich dazwischen. Er flüsterte jetzt mit ganz schwacher Stimme: „Das Schloss ist verhext und wir sind verdammt. Das ganze Dorf kommt in die Hölle."

Gouvion runzelte die Stirn und sah mit rollenden Augen gegen die dunkle Wirtshausdecke. Dann polterte er los:

„Was ist denn das für ein entsetzlicher Unsinn! Wer sagt denn so etwas?"

„Der Pfarrer im Dorf. Er sagt, wir hätten den Schlossherrn mit seiner ganzen Familie und all den Dienern umgebracht. In das Schloss geht keiner mehr von uns. Denn darin spukt es. Das ist gewiss."

„So, so. Da spukt es! Das werden wir ja sehen! Morgen früh um Punkt acht Uhr steht Ihr alle bereit und wir werden gemeinsam das Schloss aufsuchen. Dann wird dem ganzen Schauermärchen ein Ende gemacht. Mon Dieu! Ihr abergläubiges, dummes Pack!"

Damit war die Unterredung zu Ende. Die Einheimischen verließen alle die Gaststube und wir konnten von den Wirtsleuten ein karges Abendmahl bekommen. Wir suchten nach dem Essen gleich unsere Schlafstuben auf, denn der lange Reiseweg hatte uns doch müde und schläfrig gemacht.

Aber an einen erholsamen Schlaf war nicht zu denken. In der Nacht blitzte und donnerte es unaufhörlich, der Wind rüttelte an den Türen und Fensterläden.

Am nächsten Morgen hatte sich der Gewittersturm zwar gelegt, aber die Wolken hingen immer noch tief und dunkel über der Talsenke. Es konnte gut sein, dass die gewittrige Atmosphäre sich noch einmal entladen würde.

Vor dem Gasthof stand ein Trupp Bauern, der Bürgermeister in der Mitte. Er hielt eine

Axt in den Händen, als wollte er sich damit verteidigen. Grußlos gingen wir los.

Man führte uns aus dem Dorf hinaus und dann ging es entlang dürftiger Getreidefelder hinauf gegen den Wald zu.

Es dauerte fast eine Stunde, bis wir durch einige Hecken und Bäume die gelbliche Wand eines Gebäudes erkennen konnten.

Das ehemalige Jagdschloss war ein ziemlich hoher, einstöckiger Bau von mittlerer Größe. Eine mehrstufige, breite Treppe führte hinauf zum Portal des Untergeschosses. Das Haus war in einem verfallenen, jämmerlichen Zustand. Hohes Buschwerk wucherte im Garten und rings um das Haus. Vom Dach war nur noch wenig übrig. Schwarze, angekohlte Sparren ragten vereinzelt in den Himmel. An verrußten Brandspuren im oberen Bereich der Fenster konnte man das Wüten des Feuers noch deutlich erkennen.

Da die schwere, breite Eingangstür ein großes, mannshohes Loch aufwies, konnte der Zugang nicht schwer sein. Ich ließ mir von dem Maire, der mit seinen Männern in großem Abstand zu der Ruine stehen geblieben war, für alle Fälle die Axt reichen und kommandierte:

„So, jetzt wollen wir das rätselhafte Spukschloss etwas näher betrachten. Auf, Männer, mir nach!"

Aber die Männer blieben trotzig stehen, schüttelten die Köpfe und rührten sich keinen Zentimeter.

„Da gehen wir nicht hinein!"

Gouvion seufzte tief und heftig. Schließlich sagte er:

„Dann machen wir es eben allein."

Gott sei Dank - oder aus weiser Voraussicht - hatte einer der Männer eine Fackel bei sich, die entzündet wurde, damit wir etwas Licht dabeihatten.

Dann stiegen wir durch das dunkle Loch in das Innere des Hauses. Im schwankenden Licht der Fackel, die Gouvion in der Hand hielt, war zunächst wenig zu erkennen. Es roch modrig, feucht und nach verbranntem Holz. Und dann hörte ich es: Es war ein Flüstern und Jammern in der Luft, man vernahm ein Tapsen und Laufen wie von vielen Schritten, verzweifeltes Rufen, Secours, au Secours! Mich schauderte. Gouvion sagte halblaut:

„Der Wind fährt durch die Dachsparren. Lasst uns nach oben gehen."

Aber das war nicht möglich. Dort, wo eine breite Treppe nach oben führen sollte, war nur ein wüster Berg von Gerümpel zu erkennen. Tische, Schränke, Truhen und Stühle lagen quer übereinander und türmten sich hoch bis an die Decke. An ein Besteigen war nicht zu denken.

Daher sahen wir uns im Vorsaal etwas näher um. Ein schwerer Tisch stand in der Mitte des Saales. Ich wischte mit einem Stock etliche Brandreste von der Tischplatte und stieß dabei auf einen Kasten. Nachdem ich den Staub weggeblasen hatte, konnte man eine Art Kassette erkennen, die mit Metallbändern umschlagen war. Ich brauchte meine Axt nicht zu bemühen, um den Kasten zu öffnen, denn die Verschlüsse ließen sich mit der Hand lösen. Nach dem Öffnen des Deckels erkannten wir im Schein der Fackel Schriftstücke und Briefe, die übereinandergelegt worden waren. Ich gab die Axt an Gouvion weiter, damit ich die Papiere herausnehmen und ein Päckchen in den Händen halten konnte. Wir leuchteten mit der Fackel noch alle Ecken des Empfangssaales ab, stiegen über angekohlte Teppiche und Möbelstücke, konnten aber nichts Bemerkenswertes mehr entdecken. Das Säuseln und Wimmern, das Tapsen von Schritten war zwar leiser geworden, aber nie ganz verschwunden. Mir wurde unheimlich. Erleichtert aufatmend stieg ich mit Gouvion wieder ins Freie.

Der Rückzug ins Dorf verlief ziemlich rasch, ging es doch jetzt bergab. Es war nahe liegend, dass mein Kollege und ich sofort das Sichten und Lesen der mitgebrachten Schriftstücke in Angriff nahmen, denn wir hofften, dass sie uns vielleicht etwas mehr Licht in diese verworrenen und schaurigen Geschehnisse um das Schloss verschaffen würden.

Wir setzten uns in der Wirtsstube an einen Tisch in der Nähe des Fensters und ließen die Wirtsleute wissen, dass wir ungestört sein wollten. Gouvion setzte seine Brille auf, rückte sie zurecht und ich legte die Schriftstücke auf den Tisch. Mit den Briefen hatten wir wenig Arbeit, sie waren ausnahmslos privater Natur und ohne Erkenntniswert. Aber einige Schriftstücke, die mit einer einfachen Schnur kreuzweise zusammengebunden waren, weckten unsere Aufmerksamkeit. Ich öffnete die Schlinge und wir konnten auf dem ersten Blatt in großen Buchstaben lesen:

Bericht über die Vorfälle im I. Jahr der Republik bezüglich des Schlosses derer von Malberes nahe dem Dorfe Malvillier im Departement Nieder-Rhein.

Ich befinde mich zurzeit mit einer Abteilung von 183 Mann einer Halbbrigade der Rhein-Armee auf dem Marsch nach Weißenburg. Am 23. d. M. rücke ich am Abend mit meinen Soldaten in das Dorf Malvillier ein, um Quartier zu beziehen. Es herrscht Gewitterstimmung.

Auf dem Platz vor dem Wirtshaus des Dorfes haben sich zahlreiche Dorfbewohner versammelt. Sie sind mit Äxten, Knüppeln, Mistgabeln und Dreschflegeln bewaffnet. Der Anführer, Bürgermeister Jean Merkert, teilt mit, dass die aufgebrachte Menge zu dem Jagdschloss der Herren von Malberes ziehen will. Dort haben sich die Adelsherren verbarrikadiert.

Nach kurzer Überlegung beschließe ich, mit zwanzig Mann meiner Truppe und einer Vierpfünder Kanone Begleitschutz zu geben. Die Soldaten sind mit Musketen, Säbeln und Piken bewaffnet. Vier Kanoniere und vier Freiwillige ziehen die Kanone und den Munitionskarren. Sie stehen unter dem Kommando eines Korporals.

Bei der Ankunft am Jagdschloss herrscht Dunkelheit. Eine Gewitterfront hat uns erreicht. Im Schein der Fackeln ist festzustellen, dass die Bewohner des Schlosses keine Anstalten machen, sich zu ergeben. Laute Rufe, heraus zu kommen, werden nicht beantwortet. Die Eingangstüre ist verschlossen, die Fenster sind mit Brettern zugenagelt. Ich lasse die Kanone in Stellung gehen, auf die Eingangstüre richten und zum Abfeuern vorbereiten. Auf mein Kommando wird die Kanone abgefeuert. Die Schrapnellkugel schlägt ein mannshohes Loch in die Eingangstür. Fast gleichzeitig mit dem Kanonenschuss bricht das Gewitter los. Blitzschlag folgt auf Blitzschlag, das Unwetter entlädt sich.

Meine Soldaten und das Volk stürmen auf das Schloss zu und dringen durch das Loch in das Innere des Hauses. Ich betrete unter Begleitung eines Korporals und eines Kanoniers ebenfalls die Eingangshalle. Dort herrscht ein großes Durcheinander. Rufe und wüste Drohungen werden laut. Aber es gibt kein Vorwärtskommen. Der Aufgang zum oberen Stockwerk ist gänzlich durch Möbeltücke, Holzbalken und Gerümpel versperrt. Von oben sind Stimmen und Zurufe hörbar, dann Entsetzensschreie und Laufschritte. Ein Feuer ist ausgebrochen! Möglicherweise durch einen Blitzschlag verursacht oder durch den Wurf einer brennenden Fackel. Das obere Stockwerk und der ganze Dachstuhl brennen in kurzer Zeit lichterloh. Dichter Rauch und beißender Brandgeruch dringen auch nach unten. Wir sind gezwungen, durch das Loch am Eingang das Freie aufzusuchen. Es gelingt allen, ohne größere körperliche Blessuren das brennende Schloss zu verlassen.

Von den adligen Insassen und deren Dienerschaft wird niemand registriert. Der Verbleib im Schloss und Tod durch den gewaltigen Feuerwall ist anzunehmen.

Dies sind die Vorkommnisse am Abend des 23. Juni in der Nähe von Malvillier.

Gezeichnet

Major Marcel Rec...

Die Unterschrift ist gegen Ende unleserlich.

Nach einem kurzen Schweigen ergreift Gouvion das Wort:

„Es ist jetzt klar, weshalb auch Soldaten an der Erstürmung des Schlosses beteiligt waren. Diese Aussage des Bürgermeisters hatte ich ganz vergessen. Daher kommt auch die Berichterstattung durch den Kommandeur."

„Aber wie kommt der Bericht in das Schloss und in die Kassette? Auf Befehl des Kommandeurs? Das ist doch höchst unwahrscheinlich. Wer hat sie dorthin gebracht?"

„Das ist allerdings rätselhaft. Vielleicht durch einen oder mehrere Dorfbewohner, die das Schriftstück loswerden wollten? Das würde auch erklären, warum die Männer sich so entschieden weigerten, das Schloss wieder zu betreten. Diese abergläubische Bande!"

„Jetzt wird auch klar, was da alles zusammengespielt hat", ergänze ich, „die aufgebrachte Dorfbevölkerung und die Soldaten wollen das Schloss stürmen und der Kanonenschuss ermöglicht das Eindringen in das

Haus. Ein Blitzschlag des Unwetters oder ein Funkenflug steckt das Dachgeschoss in Brand. Die adlige Familie kann sich nicht retten und verbrennt, da der Fluchtweg verbarrikadiert ist."

„Ein logisches Zusammentreffen mehrerer Ursachen führte zu einem grauenvollen Ergebnis. Mon Dieu!", zog Gouvion mit erhobenem Zeigefinger die Schlussfolgerung und lächelte zufrieden. Mehr war auch nicht nach Paris zu vermelden. Weder den abergläubigen Dorfbewohnern noch dem Kommandeur der Militäreinheit war eine besondere Schuld zuzuweisen. Da der Befehlshaber nicht einwandfrei zu identifizieren war, konnten von ihm keine weiteren Erklärungen erwartet werden. Vielleicht hatte er sich auch schon längst über den Rhein zu den Österreichern oder Preußen abgesetzt, wie es nicht wenige Verräter der Republik in jener Zeit getan haben.

Aber eines ist für mich sicher: Gouvion mochte Vernunftgründe hin oder her für das Geschehen im Schloss verantwortlich machen - ich hatte beim Betreten der Eingangshalle in seinen Augen gelesen, dass auch er die tapsenden Schritte, das Wimmern der Verzweifelten und die flehenden Hilfeschreie gehört hatte.

ZEIT DER FISCHE

Meine Augen sind der Himmel
Meine Glieder sind die Bäume
Ich bin der Fels, die Wassertiefe
Ich bin nicht hier, um die Natur
zu beherrschen
Ich bin selbst Natur

Spruch der nordamerikanischen Hopi-Indianer

Im August häuften sich in der Bucht von Fort Balou merkwürdige Unfälle.

Der erste geschah in der Nacht gegen halb eins. Wie die Zeitung berichtete, war wohl ein unvorsichtiger oder übermütiger Angler auf den meterdicken Gesteinsbrocken eines Wellenbrechers ausglitten und derart mit dem Kopf aufgeschlagen, dass nur noch sein Tod festgestellt werden konnte.

Ein fast alltäglicher Unfall. Erstaunlicher waren die Umstände, die zur Entdeckung des Toten geführt hatten: Ein alter Mann, der nach Mitternacht auf dem Balkon saß, weil er keinen

Schlaf finden konnte, hatte zum Meer hin den Lichtschein einer Taschenlampe verfolgt. Der Schein hüpfte eine ganze Weile am Horizont gegen die pechschwarze See auf und ab und war plötzlich verschwunden. Nur wenig später begann der Lichtschein wieder zu tanzen, im Kreis herum, immer schneller, wie rasend – fuhr abrupt nach unten und versank im Dunkel der Nacht.

Der alte Mann, von einem unguten Gefühl geplagt, ging im Morgengrauen an den Strand, stieg über die quaderförmigen Gesteinsblöcke der Mole und fand den Toten. Er lag vornüber in dem Spalt zweier Blöcke, den Kopf schief gegen die Brust verkantet. Etwas abseits stand ein Eimer voller Fische, daneben war eine hohe Angelrute zwischen dem Gestein verankert. Die Schnur spannte sich immer noch gegen die See hin.

Zwei Tage später wurde abseits des flachen Badestrands in einer steinigen Bucht die Leiche eines Mannes an Land gespült. Der etwa vierzig Jahre alte Mann war mit der üblichen Ausrüstung der Sporttaucher versehen: Taucheranzug, Schwimmflossen, Brille, Atemgerät und Harpune. Bei näherer Betrachtung wurde festgestellt, dass der Pressluftbehälter auf dem Rücken leer war. Um die Hüfte des Toten war ein Netz geschlungen, das über fünfzig unterschiedlich große, harpunierte Mönchsfische enthielt.

Der Tod des Tauchers, dessen Name und Herkunft bald ermittelt waren, gab manches Rätsel auf. Der Verstorbene galt allgemein als überlegter und routinierter Taucher. Schon ungewöhnlich, dass er allein auf eine Tauchtour gegangen war. Dass er den Zustand der Pressluftflasche nicht richtig eingeschätzt hatte. Dann diese Mönchsfische! Eine völlig unbedeutende Art, die schon in geringer Tiefe anzutreffen war, braun-schwarz und ungenießbar.

Der junge Mann hatte von diesen Unglücksfällen in der Zeitung gelesen, ihnen aber nur wenig Beachtung geschenkt. Der Tag hatte – wie schon oft in letzter Zeit – mit einem leisen Druck auf dem Hinterkopf begonnen. Das Frühstück auf der Terrasse vermochte diesen Eindruck kaum zu verdrängen. Die Sonne begann den grauen Dunstschleier, der über der Küste lag, zu durchdringen und stach immer spürbarer auf Arme und Gesicht. Kleine Schweißtropfen bildeten sich auf der Oberlippe und unter dem Haaransatz der Stirn. Der Wind spielte träg in den flimmernden Blättern einer Pappel, die der Sonne Glut aber kaum abdeckten.

Er brach zu einem Strandspaziergang auf, um seinen bloßen Füßen Bewegung und Kühlung in den Wellen zu verschaffen. Das Wasser fuhr träge und schlangenhaft klatschend den sandigen Uferstreifen entlang. Je weiter er sich vom Badestrand entfernte, desto häufiger stieg er über Steine, leere Plastikflaschen und dunkelbraunen Seetang. Er gelangte in eine fast menschenleere, weit auslaufende Bucht. Die Sonne vor Augen schritt er in gebückter Haltung voran.

Am Ende der Bucht standen in einer lockeren Reihe mehrere Männer am Strand, die hohe Angelruten gegen die See hinausgeworfen hatten. Als er bei dem letzten der Männer angelangt war, blieb er stehen und betrachtete den Fang. Der Eimer war fast bis an den Rand gefüllt mit Fischen, kleineren und größeren. Einige zeigten bereits ihre weißlichen Bäuche, andere atmeten noch angestrengt durch Mäuler und Kiemen.

Der Angler, ein älterer Mann, hatte die Hosenbeine bis unter die Knie hochgekrempelt und trug eine verblichene, blaue Arbeitsjacke auf bloßem Oberkörper. Er grinste aus fast zahnlosem Mund.

„Die Fische sperren aber gewaltig die Mäuler auf", sagte der junge Mann.

„Ja, sie wollen heute alle gefangen werden. Es ist ein Tag der Fische."

„Ist nicht jeder Tag so gut wie heute, was?"

„Ich stehe schon seit der Morgendämmerung hier am Strand. Es ist ein guter Platz zum Fische fangen."

„Was macht Ihr mit ihnen? Verkauft Ihr sie?"

„Die wandern alle zuhause in unseren Bauch. Ich fange jeden Tag welche. Jeden Tag. Aber noch nie so viele wie heute."

Er kratzte sich mit der rechten Hand unter der linken Achsel. Dabei blinzelte er mit vorgeschobener Unterlippe prüfend in die See hinaus, als wollte er die Menge der Fische, die das Meer enthielt, abschätzen.

Der junge Mann hob die Rechte in die Höhe seiner Stirn, um sich damit zu verabschieden, drehte sich um und schritt zurück in Richtung Badestand.

Nach dem Mittagessen legte er sich unter einen Sonnenschirm am Strand. Seine Hände schöpften Sand und ließen ihn wieder aus den Fingern gleiten. Seine Fersen schoben sich in dem weichen Untergrund hin und her. Ein schrill tönendes Motorboot durchschnitt die See in Ufernähe, einen Wasserskifahrer und eine Wasserfontäne im Schlepp. Die Hitze begann über dem Sand zu stehen. Die meisten Badegäste hatten sich in die kühlen Räume ihrer Wohnungen zurückgezogen. Der Strand war fast menschenleer geworden.

Als es Abend wurde, ohne dass es sich merklich abgekühlt hätte, suchte der junge Mann seine Wohnung auf. Ein kurzer Tauchgang vor Einbruch der Dunkelheit würde ihm vielleicht Abkühlung bringen.

Als er in seiner Wohnung das gegen die Sonne verdunkelte Badezimmer betreten wollte, zögerte er. Es waren eigenartige Geräusche zu hören. Er öffnete vorsichtig die Tür, zog aber sofort seinen Kopf wieder zurück: Ein flatternder Schwarm von Nachtfaltern umtanzte die Glühbirne am Waschbecken. Er löschte hastig das Licht und zog die Türe schnell zu. Nun griff er seine Tauchgeräte und verließ wieder die Wohnung.

Am Strand angekommen, schritt er sogleich ins hüfthohe Wasser, denn es war schon fast dunkel geworden. Dann zwängte er seine Füße in die Gummiflossen, spuckte auf die Innenseite seiner Tauchmaske, spülte mit Wasser nach und presste sich die Maske auf das Gesicht. Durch den Schnorchel atmend, schwamm er in kräftigen Zügen seitlich in der Bucht hinaus in Richtung der Klippen.

Dort, wo die Klippen steil ins Meer abfielen, legte er sich auf den Rücken und spürte eine angenehme Kühlung des Hinterkopfes, der ständige Druck ließ etwas nach. Dann schwang er sich in die Tiefe und nach zwei kräftigen Zügen sah er rechts die dunkle Wand der Klippen und davor einen endlosen Schwarm Fische im Wasser stehen. Überrascht von die- diesem Anblick, strebte er wieder zur Ober- fläche, stieß das Wasser aus dem Schnor- chelrohr und atmete tief.

Er knickte in der Hüfte ein und stieß erneut nach unten. Nun umgaben ihn die Fische, dunkel, schwarz-braun von mittlerer Größe. Mönchsfische. Unendlich viele. Beim dritten Tauchgang versuchte er die Tiefe des Schwarmes abzusehen, aber je tiefer er kam, umso unermesslicher schien ihm der Reigen der Fische. Wie gewaltige Säulen wuchsen sie aus der Tiefe des Wassers.

Ein leichter Taumel umfing ihn und mit aller Kraft schraubte er sich wieder empor. An der Wasseroberfläche riss er sich die Maske vom Gesicht, um besser atmen zu können. Dann schwamm er hastig an den Klippenrand, suchte mit Händen und Füßen Halt und wartete, bis er wieder ruhig atmen konnte.

Er stieß erneut hinein in den Schwarm. Der zog sich nur träge auseinander und umfing ihn nun von allen Seiten als ob er ihn umarmen wollte. Er wirbelte mit ausgestreckten Armen im Schwarm der Fische, als müsste er mit ihnen einen unendlichen Tanz aufführen. Er wollte nochmals den Urgrund, den tiefen Quell ihres Fischlebens erkunden. Wie in einem orgiastischen Rausch stieß er weiter in die Tiefe, immer tiefer. Meter um Meter - bis es gänzlich dunkel um ihn wurde.

Nach mehreren Tagen, in denen eine stürmische Wetterlage geherrscht hatte, wurde die Leiche des jungen Mannes von der Besatzung eines Fischerbootes an Land gebracht. Sie hatte sich im Treibnetz verfangen.

Es fanden sich noch Teile der Maske am Hals und ein Fuß steckte noch in einer Schwimmflosse. Da der Körper zahlreiche Druckstellen und Schürfwunden aufwies, wurde eine Obduktion vorgenommen, um ein Fremdverschulden ausschließen zu können. Man fand die Lunge voller Meerwasser, aber auch einen fortgeschrittenen Gehirntumor.

Daher schrieb der Arzt „ertrunken" in den Totenschein, wollte aber den Tumor im Schädel als Todesursache nicht ausschließen.

ZUCKERLILI

Dabei war ich nur von der richtigen Straße abgekommen, weil mir plötzlich eine Tote über den Weg gelaufen war.

Als ich um Mitternacht in diese lang gezogene Kurve der Ortsausfahrt von A. einbog, fiel mir ein, dass hier meine Nichte vor Jahren von einem Auto angefahren worden war, als sie die Straße überqueren wollte. Sie lag einige Tage im Krankenhaus und war schon auf dem Wege der Besserung. Dann über Nacht war sie tot: Fettembolie.

Während mir all das durch den Kopf ging, hatte ich die Abfahrt zur Mainbrücke schon verpasst. Auf der Schnellstraße zu wenden war nicht möglich. Deshalb war ich an der nächsten Abfahrt abgebogen und hatte mich alsbald hoffnungslos in den finsteren Vorortstraßen verfranst. Und da stand plötzlich auf der Straßenkreuzung dieser Knallkopf im Scheinwerferlicht und schwang seine beiden Arme in eine bestimmte Richtung. Ich hatte ihn kurz zuvor durch das herabgelassene Autofenster gefragt, wo es zur Stadtmitte ginge.

Er sagte:

„Kannst du mich ein Stück mitnehmen? Dann kann ich dir den Weg noch besser erklären."

Ich ließ ihn ins Auto steigen und fragte, weil er eine Sporttasche mit sich führte:

„Kommst du vom Sport?"

„Ja, Fußball. Aber die anderen sind alles Idioten. Ich bin dann gegangen. „Was bleibt ihr denn noch da? Ihr Vollidioten, hab ich gesagt. Dann bin ich gegangen."

Wir fuhren ein Stück, dann entschied der grimmige Sportler:

„Hier steige ich aus."

Noch im Inneren des Autos gestikulierte wild mit den Armen, um mir die Weiterfahrt zu erklären. Hinter uns fuhr ein Auto dicht auf, weil wir an einer Kreuzung angehalten hatten, aber er gestikulierte weiter. Ich sagte:

„Mir ist alles klar. Der Fahrer des Autos hinter uns ist schon ganz nervös!"

Es stieg aus, wandte sich noch einmal gelassen zu mir und sagte:

„Der kann mich auch mal kreuzweise", und ging davon, ins Dunkel der Nacht.

Das war nur eines der merkwürdigen Dinge, die mir auf dieser Fahrt zugestoßen sind.

Angefangen hatte es mit einem Brief folgenden Inhalts:

EINLADUNG

Zum Klassentreffen des Jahrgangs 1956/57

Am 13. Juni 2007

Programm:

14.30 Beginn mit Kaffee und Kuchen im Gasthof „Zur Linde"

Anschließend bei schönem Wetter: Spaziergang

18.30: Dankgottesdienst

19.30 Abendessen mit Musik und Tanz im Gasthaus „Zum kühlen Grunde"

Bringt Partner und gute Laune mit!

(Alte Fotos nicht vergessen!)

Nach einigem Zögern hatte ich dieser Einladung brieflich zugesagt, ein paar schon verblichene Fotos ausgekramt und mich an dem besagten Tag auf den Weg gemacht.

Schon während der Anfahrt mit dem Auto auf der kurvenreichen Landstraße von A. in den nördlichen Spessart ging nicht alles so, wie erwartet. Denn die Erinnerung wollte mir laufend ein Bein stellen.

Da wollte ich mit dem Auto in Kurven einbiegen, die es nicht mehr gab – die Straße war inzwischen begradigt worden. Da erwartete ich rechts ein Wäldchen - es war inzwischen abgeholzt worden. Dort war ein gepflegter Golfplatz entstanden, wo früher eine lila blühende Heidelandschaft sich erstreckt hatte. Einmal wollte ich sogar auf einer Gefällstrecke einen Gang zurückschalten, bloß weil der Fahrer des alten Postbusses, mit dem ich jahrelang diese Strecke zur Schule gefahren war, es an dieser Stelle immer getan hatte.

Aber die Landschaft, durch die ich fuhr, war an diesem Frühsommertag so schön und jung wie damals: Sanft geschwungene Hügel, lichte Wäldchen auf den Höhen, hellgrüne Wiesen, sattgelbe Dotterblumen an den geschwungenen Bachläufen, im Saft strotzendes Getreide auf den Feldern und weit ausladende Apfel- und Birnbäume an den Straßenrändern.

Ich musste tief durchatmen.

Und später kam es so, wie es angekündigt war. Zum geplanten Spaziergang war ich leider zu spät gekommen, aber ich trank Kaffee und aß Kuchen im Gasthof „Zur Linde".

„Jedermann vier Stück Kuchen, vorher wird nicht aufgestanden!", forderte eine resolute Mitschülerin.

Gegen Abend predigte der Dorfpfarrer während des Dankgottesdienstes in der kleinen Dorfkirche lang und ausgiebig:

„Der Herbstwind wird euch jetzt streifen, jetzt auf der Höhe der Schaffenskraft. Nehmt euch Zeit und findet wieder zu euch selbst."

Die Jubilare standen da in den festlich mit roten Tüchern ausgeschlagenen Kirchenbänken, den Blick ernst nach unten gesenkt und dachten an den Herbstwind, der sie umstrich. Er war fast spürbar.

Während der Kirchenchor sang, wanderten meine Augen im Raum umher und suchten die Fixpunkte meiner kindlichen Andacht von einst. Tatsächlich, ich fand sie wieder! Da fehlte dem Barockengel, der neben dem Gekreuzigten über dem Hochaltar schwebte, immer noch ein Stück Gips am oberen Ende des Gefieders. Und in dem Strahlenglanz um Marias Kopf auf dem linken Seitenaltar war immer noch der oberste Strahl herausgefallen. War wirklich schon so viel Zeit vergangen?

Beim Abendessen im Gasthof „Zum kühlen Grunde" durfte ich am Tisch, dem Pfarrer gegenüber, Platz nehmen, sozusagen als Ehrengast. Ich war froh, dass bald eine Vier-

Mann-Kapelle anfing, Musik zu spielen, so dass das etwas einsilbige Gespräch mit dem Pfarrer zu Ende war. In den Musikpausen wurden die alten Fotos hervorgeholt und die Brillen aufgesetzt.

„Über Nacht braucht man eine Brille zum Lesen!"

„Ja, natürlich: Der Heinz!... Die da aber kenne ich nicht."

„Was, der Heinz? Der sah doch früher ganz anders aus!"

„Die da – Elisabeth?"

„Na klar, kennst du doch. Die hat immer so ein bisschen gelispelt.

Elispelbeth haben wir zu der gesagt."

„Klar doch. Jetzt dämmert es bei mir Elispelbeth! Ha-ha-ha!"

„Und die da? Die ist schon tot? Das glaub ich nicht. Die war doch bei unserem letzten Treffen noch so lebendig!"

„Aber an den Gerold kannst du dich er-erinnern, oder?"

„Na klar, der Gerold." Es folgt ein ver-ständnisinniges Grinsen.

„Der Gerold!..."

Die überkronten Zähne in den Mündern glänzten im festlichen Licht.

„Weißt du noch?"... „Weißt du noch?"

Nach den Abendessen erhob sich der Pfarrer und nach einigen Dankesreden hinüber und herüber verabschiedete er sich.

Als ob alle darauf gewartet hätten, ging es nun erst richtig los:

Sofort eine Polonaise mit allen Teilnehmern im ganzen Saal umher und dann noch durch den Nachbarsaal, über Tisch und Bänke von Blankenese bis Huckelheim. Und das alles mit den munteren Fünfzigern!

Dann kamen lustige Tanzspielspieleinlagen an die Reihe: Männlein und Weiblein, in Reihen aufgestellt, mussten im Takt der Musik über zwei eng beieinanderstehende Stühle klettern. Hörte die Musik plötzlich auf zu spielen, hatten die Tanzpartner, die in diesem Moment auf den Stühlen standen, einen Luftballon, der in ihre Leibesmitte geschoben wurde, so heftig zu umarmen, bis er laut platzte. - Das gab ein Gelächter!

Wenn die Musik eine Pause einlegte, standen wir in Grüppchen zusammen, klopften uns auf die Schultern oder boxten uns in die Seiten. Die Hemdsärmel der Männer waren längst hochgekrempelt. Schnapsrunden wurden ausgeschenkt, Gläser angestoßen, dass es klirrte.

„Prost! Prost!"

Schließlich spielte noch ein letztes Mal die Musikkapelle.

„Ach, oje! Die Zeit!"

Mitten im Tanz: Partnerwechsel! Ausgerechnet mich erwischte die drallste Fünfzigerin im Saal. Ich musste mit dem Koloss von einem Weib im Takt der Musik mehrmals hochhüpfen, nach Kinderart mit ihren Händen Patsche-Patsche machen, meine Nase an der ihren reiben und zum krönenden Abschluss rieben wir auch noch unsere Hinterteile aneinander. Und der Text des Liedchens dazu ging so:

„Zuckerlili, du bist süß…. Tamm-Tamm-Tamm!

Komm mit mir ins Paradies…. Tamm-Tamm-Tamm!

Zuckerlili, du bist süß. So süß…So süß…"

Kai Lorenz
Die Versuchungen des Samuel Block
Roman
169 Seiten, Paperback
Vergriffen, Restexemplare Tel. 0631 29155

Samuel Block wird eines Tages von seiner Frau und den Kindern verlassen. Nur mit Mühe erholt er sich von diesem Schicksalsschlag, denn Alkohol und Glücksspiel bringen ihn in arge Bedrängnis. Doch da begegnet er der aktionsfreudigen Alma, die Ihren Freund Dietmar aus der Polit-Szene losereden möchte. Zudem umwirbt ihn auch noch Wendy, ein liebenswerter Transvestit. Er begegnet Manuela, die ihn in die Geheimnisse einer traumhaft-magischen Welt einführt. Doch welchen Einfluss nimmt Dr. Schmitt-Hückelhove, der Psychiater, auf dieses Geschehen?

Das alles spielt sich ab an bekannten Orten zwischen Saarbrücken und Mannheim – mit ein paar Abstechern in das benachbarte Frankreich und die Schweiz.

Kai Lorenz
Als der Krieg zu Ende ging…
und andere Kurzgeschichten
Amazon Kindle E- Book
87 Seiten

Kundenrezessionen:
Die Kurzgeschichten von Kai Lorenz kommen ganz einfach daher. Keine modern aufgesetzte Sprache, kein fetziges Geschehen. Sie sind Momentaufnahmen außergewöhnlicher Lebenssituationen. Und sie besitzen meist stille Helden. Wie die zwei Krankenschwestern, die in einem Lazarettbunker gegen das grausame, unsinnige Kriegsgeschehen ankämpfen.

Die Geschichten von Kai Lorenz haben mir gerade deshalb gefallen, weil sie keine Darstellungen von Kriegsgemetzel oder heldenhaften Frontberichten in der Art von Landserheftchen enthalten. Wer das erwartet, sollte die Finger davonlassen. Er wird ihren hintergründigen Sinn nicht begreifen und zu schätzen wissen.

Kai Lorenz
CAESAR –PARK
Krimi
216 Seiten, Paperback
Verlag epubli GmbH Berlin
ISBN 978-3-7375-6692-6

Hauptkommissar Brumme kommt mit dem
Doppelmordfall im Caesar-Park nicht voran.
Erst anonyme Hinweise, eine Autoverfol-
gungsjagd und Schüsse im Park weisen in eine
bestimmte Richtung. Sie zeigen auf einen
geheimdienstlichen Hintergrund um den
mysteriösen Tod eines bekannten Fußball-
spielers. Brumme weiß lange nicht, dass noch
jemand ein großes Interesse an der Lösung der
Mordfälle hat. Dieser Unbekannte nimmt
parallel zur Polizei seine eigenen Ermittlungen
auf.

Das führt zu unterschiedlichen Perspek-
tiven bei der Verfolgung der Tatverdächtigen
und macht den besonderen Reiz der
Kriminalstory aus.

Kai Lorenz
MALEDICTUM
Krimi
177 Seiten, Paperback
Verlag epubli GmbH Berlin
Copyright 2018 E. Hauptlorenz

Im Jahre 1578 zieht ein Müller in Prag eine Leiche ohne Kopf aus der Moldau, zu einer Zeit, in der der wunderliche Kaiser Rudolf II. regiert.. In der Weihnachtsnacht 1944 wird bei einem Einbruch in das Prager Kloster Strahov ein Wachmann erschossen.

Was haben diese Vorfälle mit einem Brandopfer im Stadtwald von Kaiserslautern zu tun?

Hauptkommissar Brumme wird den Verdacht nicht los, dass seine Recherchen, die zwar in ferner Geschichte ihren Anfang nehmen, aber bis in die Gegenwart reichen, von einem bösen Fluch, einem MALEDICTUM, begleitet und beeinflusst werden.

Kai Lorenz
Die abenteuerliche Reise der Märtyrer Marcellinus und Petrus zur Stadt der Seligen
Historische Erzählung, 6 Bilder

64 Seiten, Paperback
Copyright 2017 E. Hauptlorenz
Tel. 0631-29155

Im Jahre 827 begeben sich zwei Franken, zwei Sachsen und fünf Maulesel von der Kaiserpfalz in Aachen auf den beschwerlichen Weg nach Rom, um dort Reliquien zu beschaffen. Ihr Auftraggeber ist der angesehene Hofbeamte Eginhard (Einhard), der dringend Reliquien für seine neu errichtete Basilika in Michlinstadt (Michelstadt im Odenwald) benötigt. Nach einer gespenstigen Suche werden sie in einer Katakombe am Stadtrand Roms fündig.Nun beginnt eine abenteuerliche Rundreise. Die körperlichen Überreste der Märtyrer Marcellinus und Petrus werden durch Oberitalien, die Alpen, bis nach Soissons in Frankreich gebracht. Von dort gelangen sie zunächst nach Aachen, darauf schließlich nach Mulinheim (Seligenstadt), wo sie vielfach Wunder bewirken können.